KB186995

세상에서 가장 쉬운 철학책

세상에서 가장 쉬운
철학책

초판 1쇄 발행 | 2021년 5월 10일
　　6쇄 발행 | 2024년 5월 20일

지은이 | 사와베 유지
옮긴이 | 김소영
펴낸이 | 김형호
펴낸곳 | 아름다운날
책임편집 | 조종순
북디자인 | Design이즈

출판등록 | 1999년 11월 22일
주소 | (05220) 서울시 강동구 아리수로 72길 66-19
전화 | 02) 3142-8420
팩스 | 02) 3143-4154
이메일 | arumbooks@gmail.com

ISBN | 979-11-6709-001-0 03100

※ 잘못된 책은 구입하신 서점에서 교환하여 드립니다.

세상에서
가장 쉬운
철학책

사와베 유지 지음 · 김소영 옮김

아름다운날

머리말

철학이란 지혜와 진실을 파헤치는 학문이다.

-내가 존재하는 이 세계는 대체 무엇인가?

-나는 왜 사는가?

-애당초 나란 존재는 무엇인가?

아마 누구나 한 번쯤은 이런 생각을 해 본 적이 있을 것이다.

철학은 이렇게 문득 던진 소박한 의문에 대한 '진실'을 탐구하는 마음에서 출발하였다. 이 책에서는 사람들이 궁금해 할 이런 의문과 마주했던 서양의 '철학자' 32명의 사상을 한데 모았다. 고대 그리스부터 현대에 이르기까지 주요 철학자의 사상 중에서도 핵심을 콕콕 짚어 그림과 함께 하나하나 설명하였다.

철학이란 아무런 전조(前兆)도 없이 불쑥 생겨난 것이 아니다. 철학이 지금에 다다르기까지는 '흐름'이 존재한다. 데카르트는 어떻게 '나는 생각한다. 그러므로 나는 존재한다'라는 명제에 이르렀을까? 그 명제에 이르기까지 어떤 흐름이 있었는지를 알고 나면 철학에 대해 조금은 친숙하게 느껴질 것이다. 이 책에서는 철학자들이 서로 어떤 사이였는지, 그리고 역사적 배경이 어떠했는지를 고려하면서 그 '흐름'을 차근차근 밟아 가고자 한다.

철학자들의 사상을 살펴보면 고개가 절로 끄덕여지는 부분이 무척 많다.

-사물을 보는 관점은 사람에 따라 다르다

-이렇게 생각하는 나는 틀림없이 존재한다

-이 사과는 타인도 있다고 말하므로 존재한다고 할 수 있다

철학에는 최소한 '진실'이라 생각하게 만드는 힘이 있다. '진실'이 보이면 나의 사고 의식이 바뀐다. 나아가 세상을 보는 관점도 달라진다.

이 책을 다 읽고 나면 어제까지 보던 창문 밖 세계의 풍경이 조금은 달라 보이지 않을까?

세상에서 가장 쉬운
철학책

2 근대 사상을 만든 철학자
이 장을 읽기 전에 - 64

3 근대 사상을 뒤흔든 철학자
이 장을 읽기 전에 - *156*

1

철학을 만든
철학자

이 장을 읽기 전에

고대 그리스에서는 이 세계를 전부 신화에 의존하여 설명했다. 이에 반발하여 '신화에 의존하지 않고 우리가 직접 이 세계를 풀어내 보자'라는 관점이 등장하게 되었고, 이것이 철학의 시발점이 되었다. 따라서 **최초의 철학은 '이 세계는 무엇으로 이루어져 있는가?'라는 질문에서 비롯되었다.** 탈레스, 헤라클레이토스, 데모크리토스, 피타고라스 등이 이 물음에 답했다.

이윽고 철학은 정치, 경제, 문화의 중심지인 아테네에서 점점 발전했다. 아테네의 광장(아고라)에서는 소피스트라 불리는 지식인들이 모여 열띤 토론을 벌이며 이 세계의 진리를 탐구했다. 그러던 중 프로타고라스는 '사물을 보는 사고나 견해는 사람에 따라 다르다'라는 결론을 내렸다. 다시 말하자면 상대주의다. 진리를 탐구하려는 노력 자체가 물거품이 될지도 모르는 상황이었다.

그때 등장한 사람이 **소크라테스**다. 그는 '**무지의 지**'라는 사고법으로 진리를 탐구하는 것이 얼마나 중요한지 호소했고, 다시금 철학을 뒤흔들었다. 소크라테스의 진리를 추구하는 탐구심은 그대로 제자들이 계승하여 플라톤은 이상을 그렸으며, 아리스토텔레스는 현실을 구석구석 살폈다.

아리스토텔레스는 그때까지 존재하던 지식을 체계적으로 정리한다는 위대한 업적을 남겼는데, 이것이 오히려 지식의 발전에 해를 끼치는 작용을 하기도 했다. 그 때문에 그 이후에는 소크라테스, 플라톤, 아리스토텔레스를 뛰어넘는 철학자가 나오지 못했다.

그 후 알렉산드로스 대왕의 원정으로 완전히 쇠퇴한 아테네에서는 제논의 금욕주의나 에피쿠로스의 쾌락주의라는 그 전과는 달리, 일반 사람들의 삶을 주시한 사상이 생겨났다.

세계의 근원을 생각한
최초의 철학자

탈레스

기원전 624년경~546년경. 이오니아 지방
의 밀레토스 출신. 천문학이나 수학, 측량
술 등 다양한 분야를 연구했다. 저서는 없
고, 철학의 사가인 디오게네스, 라엘티오
스들이 그의 사상을 이었다.

항구도시 밀레토스에서 출발하다

'만물의 근원은 물이다.' 이는 철학자 탈레스의 말이다.

아리스토텔레스가 저서 《형이상학》에서 '철학의 아버지는 탈레스다'라고 했으므로 이 말이 철학 사상 최초의 말인 셈이다.

탈레스는 고대 그리스의 밀레토스 출신이다. 고대 그리스 철학이라고 하면 보통 아테네에서 시작되었다고 생각하지만 사실 발상지는 밀레토스다. 밀레토스는 에게 해를 사이에 두고 그리스 본토 건너편에 있는 이오니아 지방의 바닷가 마을로, 지금의 터키에 해당한다.

'만물의 근원은 물이다'란 '이 세상의 모든 것은 물로 이루어져 있다'라는 뜻이다. 참고로 '만물의 근원'은 그리스어로 '아르케(arkhé)'라고 한다. 따라서 이를 대입하면 '아르케는 물이다'가 된다.

탈 신화

철학의 역사 속에서 탈 신화라는 말이 어떤 의미를 갖는

철학은 밀레토스라는 항구도시에서 태어났다

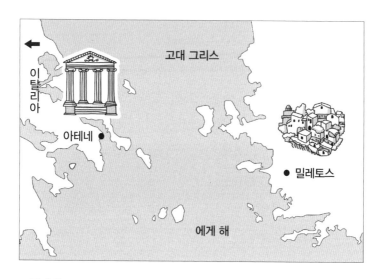

● 아테네

그리스 최대의 도시이자 수도
소크라테스, 플라톤 등의 철학자가 활동했다

● 밀레토스

해변가 항구도시로 현재 터키에 위치한다
철학의 발상지다

지 생각해 보자. 결론부터 말하자면 이 말은 **'무엇이든 신화에 의존하여 이 세계를 설명하지 말자'**라는 뜻이다.

그 이유는 무엇일까? 그때까지 그리스인들은 '이 세계는 어떻게 생겼을까?'라는 의문을 갖지 않았다. 예로부터 전해지는 그리스 신화로 이 세계의 모든 것을 설명할 수 있었기 때문이다. 탈레스처럼 밀레토스에서 활약한 시인 호메로스(기원전 8세기경)는 《일리아스》와 《오디세이아》라는 장편 서사시를 엮었다. 이 서사시에는 그리스의 영웅이나 왕족들의 모습이 그려지는 동시에 최고신 제우스나 대지의 신 포세이돈(바다와 대지의 신) 등 여러 신들이 등장한다. 그리고 그 안에서 인간들의 운명은 신들의 손에 좌우된다.

예컨대 '임금님 귀는 당나귀 귀'라는 이야기가 있다. 최고신 제우스의 아들 아폴론보다 목신 판이 피리를 더 잘 부른다고 말한 미다스 왕은 아폴론의 노여움을 사는 바람에 귀가 당나귀 귀로 변하고 만다.

이 이야기에서도 알 수 있듯이 당시에는 신들 없이 어떤 이야기도 진행되지 않았다. 그러나 탈레스가 했던 '만물의 근원은 물이다'라는 말에서는 그 어디에도 신이 등장하지 않는다. 탈레스는 무신론자도 아니었거니와 그리스 신화를 부정했던 사람도 아니지만 일단 신을 제외하고 이 세계에 대해 생각해 보기로 했던 것이다. 탈레스는 바로 이 점에서 대단하다고 할 수 있다. **신을 제외하고 이 세계를 설명하려고 한 것이 세계 최초의 '철학'이 되었다.**

참고로 철학은 그리스어로 '필로소피아'라고 한다. '사랑하다'라는 뜻의 '필로'와 '지혜'를 뜻하는 '소피아'가 합쳐진 말로 '지혜를 사랑하다'라는 의미다. 따라서 '소피아(지혜)가 있는 자'가 바로 '소피스트'다.

신은 절대적이지 않다는 사실을 깨달았다

탈레스가 신을 제외하고 생각한다는 발상을 할 수 있었던 배경에는 무엇이 있었을까? 이는 처음에 소개한 지리적인 맥락에서 설명할 수 있다. 탈레스가 살던 밀레토스는 그리스인들이 바다를 건너 와서 정착한 땅으로, 흔히 말하는 식민지였다. 규모는 도시 수준이었기 때문에 엄밀히 따지자면 '식민시'라고 해야 맞다.

원래 그리스에 속하지 않는 곳이었기 때문에 그리스 문화의 영향을 크게 받지 않아 기풍이 자유로웠다. 그래서 탈레스도 그리스의 신들을 일단 가장자리로 치워 두고 자유롭게 생각에 잠길 수 있었다. 또한 항구도시였던 밀레토스에서는 이집트나 이탈리아 등 지중해와 닿은 다양한 지역과 교역이 이루어졌다. 그 덕분에 각양각색의 이색 문화를 접하기 쉬운 환경이었다.

이렇게 다른 문화들을 접하면 어떤 생각이 들까? 바로 **자신들의 문화만이 유일하지 않으며 절대적이지도 않다**는 점을 깨닫게 된다. 어느 문화권에서든 그리스 신화를 믿는 줄 알았는데, 사실 신은 나라나 지역에 따라 다르다는 사실을 알게 되는 것이다.

그러자 신을 믿던 마음이 조금씩 흔들리기 시작했다. 신은 절대적인 존재가 아니었다. 그렇다면 나라나 지역과 상관없이 통용하는 것, 다시 말해 진리는 과연 존재할까? 이러한 사고를 거쳐서 '만물의 근원'에 대해 고찰하게 된 것이다.

왜 물이었나?

그런데 '만물의 근원은 물이다'라는 말은 떠오른 대로 내뱉은 엉터리가 아닐까 의심이 가는 것도 사실이다. 그런 말이라면 누구나 그럴싸하게 끼워 맞출 수 있지 않을까?

그러나 탈레스는 아무 말이나 갖다 붙인 것이 아니다. 이는 탈레스와 관련된 여러 가지 일화들을 들으면 이해가 갈 것이다. 탈레스는 천체관측으로 일식을 예언한 적이 있다. 올리브 수확량을 예상해서 올리브 짜는 기계 대여 사업으로 돈을 번 적도 있었다.

또한 구불구불한 강에서 흐름이 약한 부분을 찾아내 군대가 무사히 건너편으로 넘어가게 한 적도 있었다. 이렇듯 탈레스는 뛰어난 과학자이자 뛰어난 실무가이기도 했다.

탈레스는 항상 자연을 유심히 관찰했다. 그러다가 어떤 사실을 발견했다. 동물이든 식물이든 씨앗이든 살아 있는 것에는 열과 습기가 있지만 식물이 시들거나 동물이 죽으면 바짝 마르게 된다. 습기는 물로 이루어져 있다. 다시 말해 숨 쉬는 모든 생명에는 물이 있다고 생각했던 것이다.

그러한 생각을 바탕으로 '이 세계는 모두 물로 이루어져 있다'라는 명제를 이끌어 냈다. 탈레스는 '대지는 물 위에 떠 있다'라는 말까지 했을 정도로 물을 특별하게 생각했던 것이다.

지금 와서는 초등학생도 비웃을 만한 생각이지만 어떤 설이든 불현듯 떠오른 생각이 아니라 꼼꼼한 관찰을 바탕으로 이끌어 낸 것이다. 이처럼 탈레스 철학은 자연 과학에서 출

철학 최초의 말은 이렇게 생겨났다

이 세계의 만물은 그리스 신화로 설명되고 있지만

그리스 신화를 모르는 나라의 사람들도 있다
신은 절대적이지 않다

그럼 신을 제외하고 직접 이 세계의 만물을
설명해 보자…

만물의 원천은 물이다!

발했다고 하여 **자연 철학**이라고도 불린다.

탈레스의 뒤를 이은 철학자들

마지막으로 탈레스를 계승한 철학자들을 정리해 보자.

질문은 늘 똑같이 '만물의 근원은 무엇인가?'이다. 탈레스의 제자인 아낙시만드로스는 '무한한 것'이라고 했고, 아낙시메네스는 '공기'라고 답했다.

또한 헤라클레이토스(기원전 544년경~?)는 '불', 데모크리토스(기원전 460년경~기원전 370년경)는 '원자(아톰)', 피타고라스(기원전 582년경~기원전 497년경)는 '숫자'라고 답했다.

소크라테스

기원전 469년경~399년경. 그리스 아테네
출신. 고대 그리스의 대표적인 철학자로
플라톤과 아리스토텔레스와 함께 고대 그
리스 철학의 전성기를 이루었다. 저작은 없
지만, 플라톤의 《소크라테스의 변명》, 《향
연》 등이 있다.

'무지의 지'란?

소크라테스의 철학 하면 **'무지의 지'**가 떠오른다. 이는 **'자신이 얼마나 무지한가를 알라'**라는 뜻이다. 요즘 말로 하면 '아는 척을 하지 말라'라는 뜻인데 그렇다면 아는 척을 하지 않는 대신 모르는 것은 모른다고 솔직히 털어 놓으면 될까? 아니, 그렇지 않다. 거기서 끝이 아니다. 모른다는 사실을 자각했다면 모르는 대상을 탐구하여 진리를 찾아내야 한다. 이 말에는 그러한 의도가 숨어 있다. 소크라테스의 '무지의 지'에는 진리를 추구하는 뜨거운 마음이 깃들어 있다.

프로타고라스의 상대주의가 유행

우선 소크라테스가 살았던 아테네의 상황을 살펴보자. 아테네는 그리스의 중심지로 그 당시 최강의 폴리스였다. 폴리스란 '도시 국가'를 뜻하는데 지금으로 말하면 서울이나 부산이 그 자체로 국가로서 기능했다고 보면 된다.

폴리스의 구조는 단순해서 중앙에 언덕(아크로폴리스)이 있고, 언덕 위에 신전이 있었으며 언덕 기슭에는 광장(아고라)이 있었다. 지금 시대에 아테네를 방문해 봐도 이 구조는 대부분 고스란히 남아 있다.

아테네는 당시 민주정치가 가장 발달한 나라였다. 지금의 민주정치와는 달리 누구나 평등하게 정치에 참가할 수 있는 것은 아니었다. 귀족, 평민, 노예라는 세 가지 신분이 있었고, 정치에 참가할 수 있는 사람은 귀족과 평민 남성뿐이었다. 여성은 실질적으로 거의 노예나 마찬가지였다.

노동은 모두 노예의 몫이었다. 귀족과 평민은 전쟁이 일어나면 중장 보병으로 싸웠고 평소에는 할 일이 없었다. 그래서 광장에 모여 토론을 하며 시간을 보냈다. 토론을 하고 있으면 자연스레 그 중에 가르치는 사람이 나타나기 마련이다. 바로 소피스트라 불리는 사람들이었다.

소피스트는 정치 지식을 가르치거나 혹은 어떻게 하면 토론에서 이길 수 있는가(변론술)를 가르쳤고, 그 보답으로 수업료를 받았다. 그러나 소크라테스는 수업료를 받지 않았다.

기원전 5세기에 그리스는 페르시아 제국과의 전쟁에서 승리했다. 이 전쟁에서 중심적 역할을 맡은 아테네는 폴리스 사이에서 존재감을 키웠고 최선성기를 맞이했다. 그러나 그 후 아테네는 라이벌 폴리스인 스파르타와 전쟁하여 패했다. 약 30년에 걸친 이 피 말리는 전쟁통에 아테네 마을은 점점 황폐해 갔다. 분위기를 따르거나 힘이 센 사람이 마음대로 정해버리는 무책임한 정치(중우정치)에 빠졌고 사람들은 점점 도덕의식을 잃어갔다. 그리고 아고라의 토론은 그저 허울만 남아 단순히 토론에 이기는 것이 목적이 되었다.

이 시기의 유명한 소피스트 중에 프로타고라스가 있다. 프로타고라스라고 하면 **상대주의**가 유명한데 그것을 나타내는 말이 다음과 같다.

'인간은 만물의 척도다'

이 말은 '사물에 대한 생각이나 견해는 사람에 따라 다르다'라는 뜻이다. 따라서 이 말을 하면 상대방은 반박할 말이 없어진다.

이렇게 시점을 전환하는데 성공했다는 점에서 프로타고라스는 큰 공적을 남겼다. 그때까지 그리스 철학은 만물의 근원, 즉 '이 세계는 무엇으로 이루어져 있는가'에 대해 고찰했다. 다시 말해 눈이 바깥 세계로 향해 있었다.

그러나 프로타고라스는 '그것은 보는 인간에 따라 다르다'라며 인간으로 눈을 돌렸다. 간단히 말하자면 철학에서 생각하는 대상을 '세계'에서 '인간'으로 크게 전환한 것이다.

그러나 '사물에 대한 생각이나 견해는 사람에 따라 다르다'라는 전제가 깔려 있다면 토론을 진행하기가 힘들 뿐더러

프로타고라스의 상대주의로 철학은 정체되었다

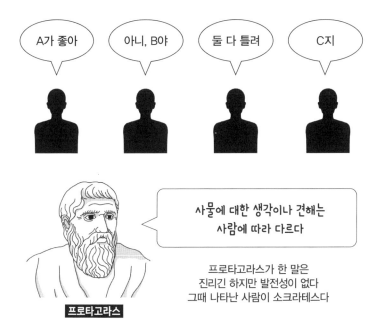

A가 좋아

아니, B야

둘 다 틀려

C지

사물에 대한 생각이나 견해는
사람에 따라 다르다

프로타고라스가 한 말은
진리긴 하지만 발전성이 없다
그때 나타난 사람이 소크라테스다

프로타고라스

절대적인 진리에도 도달하지 못한다.

이렇게 철학은 처음으로 막다른 길에 몰렸다. 이 위기를 해결하고자 했던 사람이 소크라테스였다.

대화로 무지를 자각시키다

소크라테스가 40대였을 때 델포이 신탁이 있었다. 델포이 신탁이란 폴리스의 아폴론 신전 무녀 델포이가 내린 신의 예언으로 고대 그리스인들에게는 절대적인 예언이었다. 그 예언에는 '소크라테스보다 지혜로운 자는 없다'라는 내용이 담겨 있었다.

자신보다 지혜로운 자가 많이 존재하리라 생각했던 소크라테스는 깜짝 놀랐지만 그렇다고 신탁이 틀렸다는 생각은 감히 할 수 없었다. 그래서 소크라테스는 지혜롭다는 사람들을 만나 대화를 해 보기로 했다. 그리하여 알게 된 사실이 있었다. 자신보다 지혜로운 사람은 많이 있었지만 그들이 모든 것을 다 아는 것은 아니었다.

그렇다면 소크라테스와 그들의 결정적인 차이점은 무엇이었을까? **소크라테스는 모른다는 사실을 자각하고 있었지만 그들**

은 모른다는 사실을 안다고 착각하고 있었다는 점이었다. '소크라테스보다 지혜로운 자는 없다'라 함은 '소크라테스는 자신의 무지함까지 자각하고 있었기에 그보다 지혜로운 자는 없다'라는 뜻이었던 것이다. 이것이 '무지의 지'다.

소크라테스는 사람들이 자신의 무지함을 자각하길 바라는 마음에서 많은 사람들과 대화를 나눴다. 대화라기보다는 질문 공격이었다. 예컨대 '덕이란 무엇인가?' 하고 묻는다. 그러면 다양한 답이 돌아오는데 '그렇다면 그 어떤 상황에서도 공통되는 덕이란 무엇인가?'라고 묻는다. 상대방은 대답에 막히고 자신의 지혜가 부족하다는 사실을 깨닫는다.

대화의 목적은 상대방의 자존심을 상하게 만들고자 함이 아니다. **무지함을 깨닫게 하기 위함**이다. 그런 식으로 덕의 본질을 추구하도록 발판을 마련했다. 처음에 말했듯이 이와 같은 진리에 대한 탐구가 '무지의 지'라는 뜻이다.

소크라테스는 중우정치나 프로타고라스의 상대주의로 정체되어 있던 사람들의 사고를 다시금 흔들었다.

죽음으로부터 도망치지 않았다

그렇다면 소크라테스의 최후를 따라가 보자. 유명한 소피스트가 되어 영향력을 가지게 된 소크라테스는 스파르타와의 전쟁이 끝난 후 변동이 일어난 정치와 자신의 제자들이 얽혀 있었다고 하여 일부 정치가들에게 적시되었다.

그리고 '아테네의 신들을 믿지 않는다', '청년을 타락시켰다'라는 두 가지 죄목으로 고소를 당해 인민재판에서 360 대 140표로 사형을 선고받았다. 집행까지는 30일 정도 유예기간이 주어졌다. 이는 당시에 이례적인 일이었다. 애초에 고소한 사람들도 사형까지는 바라지 않아서 제자들을 포함한 그 누구도 소크라테스가 집행 유예기간 중에 아테네 밖으로 도망치리라고 예상했다. 그러나 소크라테스는 도망치지 않고 스스로 독배를 마셔 숨을 거두었다.

그는 왜 죽음을 택했을까? 아직도 풀지 못한 철학사의 가장 큰 수수께끼다. 소크라테스는 영혼이 불사하다고 믿었기에 죽음이 두렵지 않다고 생각하여 직접 실천해서 보인 것일까? 아니면 마지막까지 아테네에 대한 충성을 증명하고 싶었던 것일까?

16세기 프랑스의 철학자, 몽테뉴는 이렇게 말했다.

델포이의 신탁 = 신의 예언

소크라테스보다 지혜로운 자는 없다

자신의 무지를 자각하고 있다는 점에서
나보다 지혜로운 자는 없다는 뜻인가...

모르는 것을 추구하여
진리를 파헤치는 것이 중요하다 = 무지의 지

"그 죽음 이상으로 소크라테스의 생애에서 빛나는 순간은 또 없었다."

그 죽음이 없었다면 소크라테스는 이렇게 후세까지 강렬한 인상을 남기지 못했을지도 모르고, 그 죽음으로 인해 비로소 소크라테스의 철학은 완결되었다고 할 수 있다.

사물의 본질(=이데아)은
어디에 있는가?

플라톤

기원전 427년~347년. 그리스 아테네 출
신. 아테네의 명문 귀족 혈통이다. 정치가
에 뜻이 있었지만 소크라테스의 제자가 되
어 그의 언동을 전했다. 아리스토텔레스의
스승이기도 하다. 주요 저서로는 《국가》가
있다.

이데아는 존재한다

소크라테스는 '무지의 지'라고 하여 인간의 시점으로 사물의 본질에 파고드는 것의 중요성을 강조했다. 이렇게 사물의 본질에 파고드는 작업을 제자인 플라톤이 계승했다.

매우 간단히 말하자면 플라톤은 **사물의 본질은 이데아**라고 바꿔 말했다.

밑도 끝도 없이 사물의 본질이 이데아라고 하면 어안이 벙벙할 텐데 '이데아는 현실 세계가 아닌 다른 세계에 존재한다'라는 점이 포인트다. 나아가 '이데아는 가상이 아니라 절대적으로 존재한다'라고 플라톤은 생각했다.

예를 들어 여기에 사과가 놓여 있다. 우리는 어떻게 그것이 배도 아니고 귤도 아닌 사과라고 인식할 수 있는가?

이는 곰곰이 생각해 보면 어려운 문제다. 사과라고 해서 생김새가 모두 똑같지는 않다. 색깔이나 형태나 크기 등이 조금씩 다르기 때문이다. 게다가 그림으로 그린 사과나 사진으로 찍은 사과도 있다. 우리는 그래도 사과라고 인식할 수 있다. 대체 무엇을 근거로 사과라고 인식하는 것일까?

이 문제를 놓고 플라톤은 '사과'라는 '이데아'를 생각했다.

사과의 본질에 해당하는 이데아가 있다. 우리는 이 사과

플라톤의 이데아론

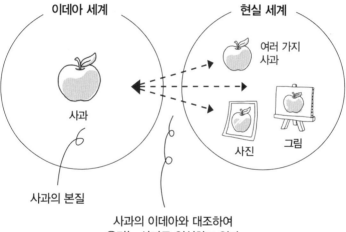

이데아 세계

현실 세계

사과

여러 가지 사과

사진

그림

사과의 본질

사과의 이데아와 대조하여
우리는 사과로 인식하고 있다

의 이데아와 현실의 사과를 비추어 보아 사과라고 인식한다.

플라톤은 이렇게 생각했다.

앞서 '이데아는 절대적으로 존재한다'라고 했는데 그렇다면 사과의 이데아는 어디에 존재할까?

바로 **이데아 세계**에 존재한다.

이데아 세계에는 사과나 배나 귤 등 구체적인 사물의 이데아부터 덕이나 용기, 정의 등 추상적인 개념에 해당하는 이데아가 있다.

우리의 영혼은 원래 이데아 세계에 살고 있었지만 현실 세계로 오면서 육체를 갖게 되었다. 이때 불행히도 이데아가 있다는 사실을 잊고 말았다. 그러나 현실 세계에서 그와 가까운 것을 보면 예전에 봤던 이데아를 떠올린다. 이렇게 해서 각 사물들을 인식할 수 있는 것이다.

이것이 **플라톤의 이데아론**이다.

이데아 세계와 현실 세계가 존재한다는 이원론으로 정리할 수도 있지만 '현실 세계는 이데아 세계의 그림자다'라는 플라톤의 주장으로 미루어보아 '이데아 세계 〉 현실 세계'라고 쓰는 편이 정확할지도 모른다.

철학자가 나라를 통치한다

플라톤은 아테네의 명문 귀족 출신이다.

원래 정치가에 뜻이 있던 플라톤은 스파르타와의 격전 끝에 중우정치에 빠진 아테네가 쇠락하는 모습을 두 눈으로 똑똑히 보고 정치에 환멸을 느꼈다.

그러던 중 소크라테스의 철학을 만나 제자가 되었다. 그런데 이 무슨 운명의 장난인가. 하필 그 소크라테스는 자신이 환멸을 느낀 아테네의 민주정치 때문에 죽음으로 내몰리게 되었다.

소크라테스가 사망한 후 플라톤은 제자라는 입장 때문에 신변의 위험을 느끼고 아테네를 떠나 이탈리아나 이집트를 떠돌았다. 그 사이에 이데아론을 점점 확립했는데 그러면서도 정치에 대한 정열은 사그라지지 않았다.

플라톤은 국가 본연의 자세에 대해 생각했다. 그리고 당연한 말이지만 환멸을 느낀 민주정치와는 반대 방향으로 가기를 택했다.

민주정치는 누구나 정치에 참가할 수 있다. 돈이 있든 없든 머리가 좋든 나쁘든 누구나 위로 올라갈 가능성이 열려 있다. 장점이기도 하지만, 예컨대 나라를 통치할 능력도 없는 사람이 돈의 힘으로 올라가 나라를 통치하는 것이 과연 좋을까?

그래서 플라톤은 나라의 정상에는 뛰어난 인물이 앉아야 한다고 생각했다. 그 인물이란 나라를 통치할 때 필요한 진정한 지혜를 가진 자다.

그렇다면 진정한 지혜를 가진 자란 누구인가?

바로 철학자다. 그것도 다름 아닌 이데아라는 사물의 본질을 탐구하는 철학자다.

'나라를 통치하는 자는 철학자여야 한다. 혹은 현재의 통치자가 철학을 배워야 한다.'

플라톤은 그렇게 생각했다. 이것이 철학자 왕이 나라를 통치하는 **'철인정치'**다.

플라톤의 공산주의

플라톤은 철학자 왕이 통치하는 나라에 3가지 계급을 두었다.

그것은 ①정치를 행하는 '통치자 계급', ②군인이나 간부 등 '방위자 계급', ③필요한 물자를 생산하는 '생산자 계급'

민주정치를 부정한 플라톤의 철인정치

무능한 정치가

민주정치

누구나 정치에 참가할 수 있다는
장점이 있지만, 한편으로는
무능력한 인간이 돈이나 권력 등을 써서
정상으로 올라갈 수도 있다

철인정치

그것은 위험한 일이다
나라는 철학자가 통치해야 한다

이다.

①'통치자 계급'과 ②'방위자 계급'이 지배자층에 해당한다. 보통 어떤 나라든 지배자층은 피지배자층보다 풍요로운 생활이 보장되어 있는데, 궁극적인 이상 국가를 생각했던 플라톤은 그것을 두고 보지 않았다.

지배자층에는 공동생활을 하게 한다. 그리고 사유 재산을 인정하지 않는다. 내 것이 없고 모든 재산을 동료들과 공유한다. 보수는 생활에 필요한 만큼만 받을 수 있다.

이래서야 그들은 무슨 재미로 사는지 알 수 없다. 그러나 그것으로 충분하다. 그들에게는 국민을 행복하게 만드는 것 외에 개인의 행복은 없는 것이다.

상당히 가혹한 조건이지만 지배자층은 이데아를 탐구하는 철학자 왕의 예비군에 해당되는 사람들이므로 그런 세속적인 고민을 뛰어넘은 사람들일 것이다.

이처럼 플라톤은 공동생활이나 재산 공유 등 공산주의 사상을 받아들였다. 이는 현대의 공산주의와는 약간 성격이 다르다.

현대의 공산주의는 일반적으로 피지배자층에 대해 불평등한 재산 배분을 없애서 빈곤한 사람을 만들지 말자는 주의다.

그러나 플라톤의 공산주의는 지배자층에 대해 공동·공유의 사고를 받아들여 돈의 영향을 받지 않고 정치를 할 수 있도록 한 것이다.

이러한 사고의 배경에는 돈의 힘으로 권력자가 정해졌던 아테네의 민주정치에 대한 반성이 담겨 있다고 볼 수 있다.

여자와 아이는 공유한다

그런데 플라톤의 공산주의적인 국가론을 읽다 보면 소름 돋는 이야기가 나온다.

플라톤은 지배자층에 사유 재산을 인정하지 않는 것도 모자라 가족까지 인정하지 않는다고 했다.

아내와 아이는 개인이 소유하는 것이 아니라 다 같이 공유해야 한다고 했다.

남자들이 여자들을 공유하기 때문에 동거나 결혼은 받아들여지지 않았다. 태어난 아이는 부모 밑에서 자라지 않고 탁아소에서 국가를 위해 길러졌다.

이때 우수한 아이는 양육하지만 뒤떨어지는 아이는 국가에 쓸모가 없다고 하여 어둠으로 묻는다는 무시무시한 내용도 있었다.

이처럼 플라톤이 가족의 폐지까지 생각했던 이유 중 하나는 폴리스의 인구가 더 이상 커지거나 작아지지 않도록 통제하기 위함이었다.

그리고 국가를 위해 유능한 인재를 공급하기 위한다는 목적도 있었다.

무시무시한 면도 같이 갖고 있는 플라톤의 이상 국가는 이상에 그치지 않고 실제 행동으로 옮기고자 했다.

그 거점이 기원전 387년, 아테네 교외에 세워진 학원 **아카데메이아**였다. 이곳이야말로 철학자 왕을 양성하기 위한 학교였다.

여기서 아카데메이아는 아카데미(academy=고도 교육 기관)나 대학의 어원이 되었다.

그리고 **아리스토텔레스**는 아카데메이아에서 육성된 슈퍼 엘리트였다.

오로지 혼자서
세계를 설명하다

아리스토텔레스

기원전 384년~322년. 마케도니아 왕국 출
신. 플라톤의 제자다. 알렉산드로스 대왕
의 가정교사를 맡았다. 저서의 대부분은
자신이 학원에서 했던 강의록에 해당한다.
주요 저서로는 《니코마코스 윤리학》, 《형
이상학》 등이 있다.

이데아론을 부정하다

아리스토텔레스는 그리스 북방에 위치한 마케도니아 왕국 출신이다. 젊은 시절에 아테네에 온 그는 플라톤의 학원 아카데메이아에서 공부를 했으며 교사까지 맡았다.

플라톤의 제자에 해당되지만 **플라톤의 철학에 대해서는 부정**했다.

이러면 무슨 그런 제자가 다 있나 싶겠지만 철학자는 진리를 탐구하는 사람이기 때문에 아무리 스승의 학설이라 할지라도 틀렸다고 생각하면 거리낌 없이 틀렸다고 말하는 것이 올바른 자세다. 소크라테스도 '나의 생각이 부정당하는 것을 두려워 말라'라고 말했다.

아리스토텔레스는 무엇을 부정했을까?

플라톤의 이데아론에서는 이데아 세계가 존재한다고 설정했는데, 아리스토텔레스는 이 부분을 부정했다.

왜냐하면 이데아 세계가 있다는 것 자체를 확인할 수 없기 때문이다. 게다가 현실 세계에서는 새로운 것들이 자꾸만 생겨난다.

예를 들어 근대에 생긴 자동차가 이미 이데아 세계에 있었

아리스토텔레스가 설명한 형상이란?

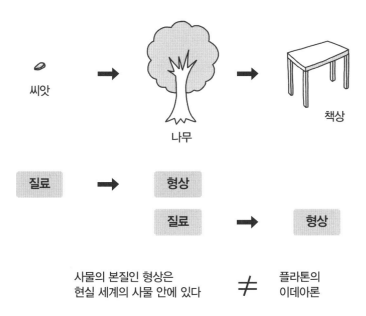

씨앗

나무

책상

질료 ➡ 형상

질료 ➡ 형상

사물의 본질인 형상은
현실 세계의 사물 안에 있다

≠

플라톤의
이데아론

다고 설명하기에는 무리가 있다.

자, 그렇다면 이데아 세계가 없다고 했을 때 플라톤이 탐구한 사물의 본질이란 어디에 존재할까?

이에 대해 아리스토텔레스는 현실 세계에 존재하는 각 사물에 있다고 주장했다. 이때 아리스토텔레스는 '**사물의 본질**'을 '**형상(에이도스)**'이라고 불렀다.

다시 말해 아리스토텔레스는 플라톤이 제창했던 이데아는 현실 세계에 존재하는 각 사물에 있다고 하였고, 그것을 다시 '형상'이라고 바꿔 부른 것이다.

대체 형상이라는 말이 무슨 뜻일까? 간단히 설명하자면 형태라고 보면 된다. 어떠한 사물이 형태로 나타나려면 소재가 필요하다. 아리스토텔레스는 이 소재를 **질료(휴레)**라고 불렀다.

사물이 생기는 순서로 보면 질료 → 형상이다.

한층 더 나아가 아리스토텔레스는 사물의 상태를 가리키는 말도 추가했다.

질료는 형상이 될 가능성이 있으므로 '가능태(디나미스)'라고 불렀다. 그리고 현실에서 형상이 된 상태를 '현실태(에네르게이아)'라고 불렀다.

예를 들어 씨앗은 질료고 나무가 될 수 있는 가능태

다. 나무라는 형상이 된 상태가 현실태에 해당된다. 나아가 나무는 책상이 될 가능태기도 하다.

이처럼 아리스토텔레스의 말을 빌리면, 현실의 사물이 어떻게 생성되고 변화하는지 잘 설명할 수 있다.

이데아론이 정적이었던 것에 비해 아리스토텔레스의 사상은 동적이며 조금 더 현실 세계에 맞는 설명이었다고 할 수 있다.

한편 소크라테스나 플라톤은 인간의 시점으로 사물의 본질을 고찰하려고 했는데, 아리스토텔레스는 그 인간의 시점이 뚜렷하지 않다.

아리스토텔레스는 인간의 시점을 끌어들이지 않고 '세계란 무엇인가'를 더 객관적이고 보편적으로 나타내려고 했다. 이 점에도 주의하자.

어느 정치 체제도 못 쓰게 된다

아리스토텔레스는 플라톤의 이데아론뿐만 아니라 **다양한 정치 체제도 부정**했다.

먼저 3가지 정치 체제를 체계적으로 정리하고, 그 후에 각

정치 체제가 어떻게 변화하는지를 동적으로 고찰했다. 그리고 그 모든 정치 체제를 부정하는 결론을 내렸다.

① 군주제

단 한 사람이 통치하는 군주제는 가장 위에 있는 왕이 플라톤이 말하는 철인과 같은 존재라면 이상적이지만 그렇지 않을 때는 문제다. 권력에 눈이 먼 왕은 독재 정치로 치달을 위험이 있다.

② 귀족정치

일부 부유층이 하는 귀족정치는 권력이 분산하여 독재 정치를 회피할 수 있다. 그러나 권력 투쟁이나 파벌 투쟁에 빠져 본래의 정치는 뒷전이 될 위험이 있다.

③ 민주정치

민주정치는 누구든 정치에 참가할 수 있다는 장점이 있다. 그러나 대중이라는 것은 일시적인 감정이나 욕망에 휩쓸리기 쉬워 중우정치에 빠질 가능성이 있다. 이는 아테네가 경험한 사실이다.

중용 정치 체제를 제창한 아리스토텔레스

군주제

권력에 눈이 먼 왕의 독재 정치로 치달을 위험이 있다

귀족 정치

권력 투쟁에 빠져 정치는 뒷전이 될 위험이 있다

민주 정치

일시적인 감정에 휩쓸려 중우정치에 빠질 위험이 있다

어느 정치 체제든 문제가 있으므로 중용으로 해야 한다

이렇게 보면 어느 정치 체제든 부패될 운명에 있다. 아리스토텔레스는 이 사실을 이미 2000년도 더 전에 간파하고 있었던 것이다. 흔히 민주정치가 가장 좋은 정치 체제라고 생각하기 십상인데, 현대 사회에 대두되고 있는 격차 사회 문제만 보더라도 가장 좋은 정치 체제라고는 말할 수 없다.

그렇다면 어떻게 해야 할까?

아리스토텔레스는 이 정치들의 중간을 추천했다. 이는 **중용(메소테스)**이라고 하여 '**극단적인 것을 취하지 않고, 그렇다고 타협점을 찾지도 아니하며 그때그때 가장 알맞은 것을 고른다**'라는 생각이다.

플라톤은 이상적인 국가를 이야기했지만 아리스토텔레스는 역시 여기서도 현실적인 나라란 어떤 것인지 모색했다.

세계의 모든 일을 전부 설명했다

아리스토텔레스는 탈레스에서 플라톤에 이르기까지 그리스 철학을 통괄하여 체계적으로 정리했다. 철학뿐만이 아니다. 그는 자연학, 동물학, 천문학, 기상학, 문학 등 온갖 분야에서 대상을 샅샅이 분류하여 체계적으로 정리했다.

아리스토텔레스는 오로지 혼자서 세계를 설명했던 것이다.

이는 위대한 공적이다. 그러나 워낙 잘 정리된 탓에 **학문의 발전에는 마이너스로 작용**했다. 아리스토텔레스의 사상을 비판할 수 있는 사람이 나타나지 않았기 때문에 그의 사상이 고정화되어버린 것이다.

그로 인해 그리스 철학의 흐름도 둔해지고 말았다. 그때까지는 과거의 철학을 비판하면서 새로운 사상이 잇따라 생겨났는데, 그러한 활력이 사라지고 만 것이다. 물론 폴리스 자체가 쇠락했다는 점도 한 가지 원인으로 볼 수 있다.

아리스토텔레스 이후로 그리스 철학은 몇 가지 유파로 나뉘어졌는데 소크라테스, 플라톤, 아리스토텔레스와 같은 철학의 거장들은 두 번 다시 나타나지 않았다.

아테네에서 도망치다

아리스토텔레스가 살았던 시대는 폴리스의 쇠퇴기와 겹친다.

플라돈의 죽음과 함께 아카데메이아를 떠난 아리스토텔레스는 조국 마케도니아 왕국 필립포스 왕의 부름으로 왕자 알렉산드로스의 가정교사가 되었다.

당시 최고의 교사에게 개인 수업을 받은 알렉산드로스는 젊은 나이에 왕위에 올랐다.

그리고 약체화된 폴리스를 병합하고 그리스의 전 영토를 수중에 넣었다. 나아가 동방 원정으로 페르시아, 이집트, 인도 등을 공격하여 즉위하고 나서, 고작 10년도 채 되지 않은 사이에 세계 제국을 세웠다. 이렇게 동서 문화의 교류가 시작되었고 헬레니즘 시대를 맞이했다.

한편, 알렉산드로스의 즉위를 계기로 아테네로 돌아온 아리스토텔레스는 자신의 손으로 학원 리케이온을 열었다.

알렉산드로스 대왕이 원정을 나갔다가 죽음을 맞이했다는 사실은 아리스토텔레스에게 비극이었다. 그 때문에 아테네에서 지배 세력이었던 마케도니아인에 대한 박해가 시작되었다. 아리스토텔레스는 아테네에서 도망쳐 어머니의 고향에 은신했다.

아테네에서 도망쳤다고 하여 소크라테스와 대비된다. 그러나 아테네에서는 외국인이었던 아리스토텔레스가 아테네에서 생을 마감할 이유는 없었다. 어찌 보면 당연한 일이었다.

마지막에는 병사를 했다는 이야기도, 독을 들이키고 자살했다는 이야기도 있다.

인간에게
최고의 쾌락은 지혜다

에피쿠로스

기원전 341년~270년경. 이오니아 지방의
사모스 섬 출신. 300권에 이르는 대량의
저서가 있었다고 하지만, 편지 세 통과 《주
요 교설》의 일부밖에 남아 있지 않다. 주로
루크레티우스의 《사물의 본질에 대하여》
가 그 사상을 전한다.

아타락시아에 이르러라!

에피큐리언이란 쾌락주의자를 뜻한다. 이는 쾌락주의를 제창한 에피쿠로스에서 유래한 말이다.

에피쿠로스는 쾌락이란 '축복된 삶의 시작(알파)이자 목적(테로스)이다'라고 하여 추구해도 좋은 것으로 생각했다. 쾌락을 전면적으로 긍정한 것이다.

그는 식욕, 성욕, 미, 부, 결혼, 지혜 등 온갖 쾌락에 대해서 검증했다. '식욕은 자연스러우며 필요한 쾌락이다. 이에 비해 성욕은 자연스럽기는 하지만 반드시 필요한 쾌락은 아니고 오래 가지도 않는다.'

그렇게 온갖 쾌락에 대해 고찰하는 동안에 가장 훌륭한 진짜 쾌락을 찾아냈다. 그것이 지혜였다. 식욕이나 성욕 등은 신체적인 쾌락으로 동적 쾌락인 데 비하여, 지혜는 정적 쾌락이다.

이 정적 쾌락은 '몸에 고통이 없는 것, 영혼이 흐트러지지 않은 것'이며 아타락시아(평정)의 경지에 이를 수 있다. 이것이야말로 쾌락주의의 궁극적인 목적이 아닌가.

에피쿠로스는 그렇게 생각했다.

지혜를 얻음으로써 아타락시아의 경지에 이르는 것.

쾌락주의도 결국은 지혜를 탐구하는 것이기 때문에 정확히 그리스 철학의 흐름 위에 있다고 볼 수 있다.

세상으로 던져진 그리스인

에피쿠로스는 이오니아 지방의 사모스 섬 출신인데, 알렉산드로스 대왕이 세상을 떠난 기원전 323년에 아테네로 건너왔다. 때는 바야흐로 격동의 시대였다.

원래 그리스의 폴리스는 도시 수준이라 공동체적인 결속력이 강하여 사람들은 그 안에서 어떠한 정치를 할지, 어떠한 삶을 살지에 대해 생각했다. 그리스인이 가진 세계관은 폴리스 안에서 완결되어 있었다.

그러나 알렉산드로스는 불과 몇 년 사이에 당시 그리스인이 파악했던 세계를 대부분 정복하고 세계 국가라 불러 마땅한 것을 만들어 냈다. 도시 수준의 폴리스와 대조되는 세계 수준의 폴리스, 즉 코스모폴리스라는 세계 국가다.

이렇게 그리스인은 작은 폴리스에서 광대한 세상으로 던져졌다는 감각에 휩싸였다.

그리스인은 세계 수준으로 사물을 생각해야 했다. 그러니 세계 수준으로 생각하기란 그리 간단하지 않았다. 이 세상이 얼마나 넓으며 어떤 사람들이 살고 어떤 일이 일어나는지 상상하기조차 힘들었다.

또한 폴리스 안과 바깥사람들의 출입이 잦아지면서 사회의 양상이 180도 바뀌었다.

아테네에서는 국외 세력과 연결된 고리대금업자나 대노예 소유자가 힘을 갖고 급격히 화폐 경제가 진행되어 그때까지 했던 자급자족 라이프스타일이 붕괴되었고, 이른바 격차가 생겨났다. 거기에 반 마케도니아 독립 운동까지 일어나 세상이 혼란스러웠다.

사람들은 이런 혼란한 세상에서 살아남는 방법에 대해 궁리했는데 **아무래도 개인의 힘으로는 감당하기 힘든 세상이 되었다**는 점만큼은 확실했다. 정치나 사회에 기대해도 쓸모가 없었다. 일종의 무력감에 휩싸였다.

그런 세상에서는 세상이 어떻게 돌아가든 우선 개인으로서 어떻게 살아갈지를 생각하게 된다.

그래서 개인의 삶을 생각한 사상이 생겨났다. 대표적으로 **제논의 금욕주의와 에피쿠로스의 쾌락주의**다.

제논(기원전 336~기원전 264)은 에피쿠로스와 같은 세대로 거의 같은 시기에 아테네에서 활약했다. 제논이 연 학원이 스토아라 불린다고 해서 금욕주의자들은 스토아학파라 불린다.

에피쿠로스 시대, 사람들은 가치관의 변혁에 쫓기고 있었다

알렉산드로스 제국
(세계 제국)의 형성과 붕괴

아테네가 혼란에 빠져
정치나 사회에 기대를 할 수 없게 되다

개인으로서 어떻게 살아가야 할지를
생각하게 되다

그때 새로운 사상을 설명한 사람이
제논과 에피쿠로스였다

앞으로 어떻게
살아가야 한단 말인가...

금욕주의란 대체로 말에서 유추할 수 있는 사상을 그대로 갖고 있다. 이는 이성이나 의지의 힘으로 욕망에 휘둘리지 않는 것을 지향하며 아파테이아(부동심)를 이상으로 삼았다. 욕망에 휘둘리지 않는 대신 자연을 따르며 살아가는 것이다. 이때의 자연이란 이성을 말한다.

덧붙이자면 에피쿠로스의 쾌락주의도 마찬가지로 자연을 따르는 삶을 지향했다고 할 수 있다. 이때의 자연이란 쾌락을 의미한다.

쾌락주의에서는 남녀공학

개인이 어떻게 살아야 할지 사람들에게 가르치고자 생각했던 에피쿠로스는 35세 때 어떤 정원을 사들여 학원을 설립했다. 이것이 **에피쿠로스의 정원**이다.

당시 아테네에는 플라톤의 아카데메이아, 아리스토텔레스의 리케이온, 제논의 스토아, 그리고 에피쿠로스의 정원으로 4개의 학원이 있었다.

전통이 있는 아카데메이아와 리케이온이 귀족의 자제를 상대로 한 엘리트 교육 기관이었던 것에 비해 스토아와 에피쿠로스의 정원은 서민 계급이나 노예까지 배울 수 있었다.

에피쿠로스는 '숨어서 살아라'라고 했다.

그의 말대로 사실 에피쿠로스의 정원은 학원이라기보다 사회에서 도망쳐 온 은둔자들이 모이는 곳이었다.

게다가 당시에는 보기 드물게 남녀 공학이었다. 남녀의 교제나 성적인 교섭을 금지하지 않았기 때문에 뜬소문이 나지 않을 리가 없었다. 문란하다는 편견을 받을 때도 있었다.

실제로 남녀의 성적인 관계는 있었다고 한다. 에피쿠로스도 제자 여성들과의 염문을 부정하지 않았다.

그러나 쾌락주의에서는 성적 쾌락을 특별히 권장하지도 않았을 뿐더러 에로스처럼 연애에 대한 열정은 피해야 한다는 계율까지 있었다. 그 때문에 그렇게 질서가 어지러운 조직은 아니었다고 한다.

오늘을 즐겨라!

에피쿠로스의 쾌락주의는 생각 이상으로 **현대인의 감각과 잘 들어맞는다.**

먼저 에피쿠로스는 신을 부정하지 않았지만 신은 다른 세

두 철학자의 생각은 어떻게 달랐을까?

에피쿠로스의 쾌락주의	제논의 금욕주의
최고의 쾌락 = 지혜	이성 〉 욕망
지혜의 정적 쾌락으로 평정의 경지에 이르는 것이 쾌락주의의 궁극적 목표	욕망에 지배되지 않고 이성을 따라 살아야 한다

죽음에 괴로워 말라,
오늘을 즐겨라!

계에 존재하며 인간과는 완전히 별개라고 생각했다. 신이 내
릴 상벌도 화복도 없으니 기도를 올리거나 두려워 할 필요
도 없다고 생각했다.

또한 민중들이 미신을 강하게 믿었던 당시에는 죽음에 대
한 공포가 아주 컸는데, 에피쿠로스는 **'죽음을 두려워할 필요
는 없다'**라고도 말했다.

소크라테스나 플라톤은 '육체만 죽는 것이지 영혼은 계속
살아 있다'라고 생각했다. 그러나 에피쿠로스는 '육체가 죽으
면 영혼도 사라진다'라고 생각했다.

인간이 죽으면서 육체뿐만 아니라 영혼도 해체되기 때문
에 '죽음이 존재할 때에 우리는 이미 존재하지 않는다'라고
주장한 것이다. 실제로 인간은 죽음을 경험할 수 없다. 즉 죽
음은 '우리에게 아무것도 아니다'라는 뜻이다.

죽음은 없는 것과 마찬가지이므로 죽음을 두려워할 필요
는 없다. 이렇게 에피쿠로스는 죽음의 공포를 없앴다.

죽음이 없다면 사후 세계도 없고 내세 또한 없다는 뜻이
다. 내세가 없다면 한 번밖에 없는 지금 인생을 즐겨야 하지
않을까? 극단적으로 말하자면 **'오늘을 즐겨라!'**라는 생각에 이
르게 된다.

이렇게 에피쿠로스의 가르침은 현대인이 공감할 수 있는

부분이 많다는 사실을 알 수 있다.

우리는 평소에 신에 대한 생각을 하지 않을뿐더러 죽은 다음 세계에 대한 생각도 하지 않는다. 그보다는 지금 살고 있는 이 인생을 얼마나 풍요롭게 만들까, 그리고 그 날 그 순간을 어떻게 즐기는가에 관심이 간다.

따라서 에피큐리언이란 현대인을 가리키는 것일지도 모르겠다.

에피쿠로스의 존재는 오랜 기간 묻혀 있었는데 17세기에 피에르 가센디가 찾아내 오늘날에 전해지게 되었다. 이러한 경위도 근현대 사람들이 마침내 그의 사상을 이해하게 되었다는 뜻이 아닐까?

2

근대 사상을 만든
철학자

이 장을 읽기 전에

'아는 것'(지, 知)(원서에는 '지'라고만 나와 있는데, 뒤에 베이컨의 명언에서 '아는 것이 힘이다'라는 말도 나오기 때문에 '아는 것'으로 통일했습니다-역자)에 대해 충분히 결실을 맺은 고대 그리스의 아테네는 알렉산드로스 대왕의 마케도니아 왕국에 이어서 로마 제국에도 지배를 받고 예전의 빛을 잃었다. 로마 제국이 붕괴된 후에는 중세 시대가 찾아왔다.

유럽의 중세 시대 사회는 기독교(로마 가톨릭 교회)가 중심이었다. **철학을 포함한 모든 학문은 기독교 신학에 흡수**되었다.

기독교 신학은 13세기에 토마스 아퀴나스가 완성했다. 그 신학 체계는 **스콜라 철학**이라 불린다.

16세기가 되면서 학문과 신학을 따로 분리하기 시작했다. 그때까지 힘이 있던 로마 가톨릭 교회의 권위가 쇠퇴하기 시작했기 때문이다.

그 후 고대 그리스 로마의 문화를 재조명하고 인간을 중심으로 한 예술이나 문학이 생겨난 시대가 **르네상스**다. 자연

과학 분야에서는 실험이나 관찰을 바탕으로 확실한 세계상을 제시하기 시작했다. 그리고 철학에서는 신학에서 벗어나 이 세계의 진리를 탐구하는 사람들이 나타났다. 이른바 **근대 철학**이 부흥했다.

근대 철학에는 크게 두 가지 흐름이 있다.

베이컨에서 시작하여 로크, 버클리, 흄 등으로 이어지는 **영국 경험론**과 데카르트에서 시작하여 스피노자, 라이프니츠로 이어지는 **대륙 합리론**이다. 전자는 몇 가지 샘플에서 일반 법칙을 찾아내는 스타일이고, 후자는 확실한 사실을 차곡차곡 쌓아서 합리적으로 진리를 이끌어내는 스타일이다.

그들은 진리를 추구하면서 큰 과제에 직면했는데 그것은 주관과 객관이 일치하는가에 대한 문제였다. 알기 쉽게 말하자면 우리는 **세계를 올바르게 인식하고 있는가**에 대한 인식 문제였다.

이 문제는 독일의 칸트나 헤겔이 일단 결론을 지었다.

한편, 근대 철학은 굳이 따지자면 현실 사회와 관계가 없었다. 그러나 헤겔은 나(주관)와 사회(객관)의 관계를 설명하여 사회사상(역사 사상)을 만들어 냈다는 점에서 획기적이었다. 헤겔의 사상을 바탕으로 생겨난 마르크스주의는 19세기 이후의 시대에 막대한 영향을 미쳤다.

편견을 버리고
지(知)를 얻어라!

베이컨

1561년~1626년. 영국 런던 출신. 23세에
국회의원이 된 후 대법관 자리에까지 올
랐다. 주요 저서로는 《노붐오르가눔(신기
관)》, 《뉴아틀란티스(수필집)》 등이 있다.

진리를 추구하다

섬나라 영국에서는 프랑시스 베이컨, 대륙에서는 프랑스 출신의 데카르트가 **근대 철학의 창시자**다.

두 사람은 바다를 끼고 거의 같은 시대를 살았다.

기독교가 그리는 세계상에 대한 신뢰가 흔들리면서 사람들은 새로운 세계상을 모색하던 때였다.

학문 영역에서는 많은 사람들이 자유롭게 다양한 이야기를 주장했다.

여러 가지 정보가 뒤죽박죽 섞이면 결국 무엇이 맞는지 혼란에 빠지게 된다. 머지않아 세상의 진실은 그 누구도 모른다는 회의론이 유행했다.

그러던 가운데 '세상의 진실은 그 누구도 모른다'라는 의문에 처음으로 도전한 사람이 베이컨과 데카르트였다.

두 사람 다 세상의 진실인 진리를 추구했다는 점에서는 같지만 접근하는 방법에서는 대조적이었다.

먼저 베이컨의 접근법부터 살펴보자.

지(知)가 다스리는 이상 사회

먼저 베이컨은 '아는 것이 힘이다'라는 말을 남겼다. 대체 무슨 뜻일까? 그가 말한 아는 것이란, 자연과학과 거기서 응용되는 기술 개발이다.

이 '아는 것이 힘이다'라는 말은 '자연과학과 거기서 응용되는 기술 개발은 인간에게 크나큰 이점을 가져온다'라는 뜻이다.

다시 말해 **'자연과학과 기술 개발은 인간에게 살기 좋은 환경을 가져다준다'**라는 뜻이다.

현대에 들어서는 누구나 일반적으로 할 수 있는 생각이다. 그러나 당시에는 아는 것에 해당하는 학문은 철학, 신학, 윤리학, 수학, 음악, 천문학 등이 중심이었기 때문에 아는 것을 무언가에 이용하려는 생각에는 미치지 못했다. 학문은 학문으로서 완결되었다.

예컨대 베이컨은 스콜라 철학을 두고 실용적으로 아무런 쓸모도 없는 그저 공리공론(空理空論)일 뿐이라고 비판했다.

그러나 아는 것(학문)은 적극적으로 이용하는 편이 좋다.

그래서 베이컨은 아는 것 중에서도 공학과 같은 실학계 학문에 초점을 맞추었고, 그 학문을 이용하여 구체적으로 세상을 바꿀 것을 전망했다. 당시에는 획기적인 발상이었다.

베이컨은 미래 이미지를 그리고 있었다. 그가 쓴 이야기 《뉴아틀란티스》에서는 과학 기술의 발달로 행복한 이상 사회가 실현되는 모습이 그려져 있다.

4가지 이돌라란?

베이컨은 아는 것을 얻기 위한 방법도 생각했다. 이것이 세상의 진실인 진리에 이르는 접근법이다.

베이컨이 살았던 르네상스 시대에서는 기본적으로 유사성을 이용하여 학문을 탐구했다.

예를 들어 사물과 사물의 형태가 닮았으면 그 둘을 연결 지어 생각한다. 이렇게 연결에 연결을 거듭하여 어떠한 정리를 만들어 가는 방법이다.

이를 비판한 베이컨은 이러한 유사성에서 아는 것을 얻고자 할 때 빠지기 쉬운 실수를 지적했다.

이 실수들을 **4가지 이돌라**로 정리했다. 이돌라란 라틴어로 우상이라는 뜻으로 편견이니 선입관과 비슷한 말이다.

4가지 이돌라란 **동굴의 이돌라, 극장의 이돌라, 종족의 이돌라,**

베이컨의 '아는 것이 힘이다'라는 말의 의미

16세기에 흔들리던 기독교 세계에서
나타난 사람이 베이컨이었다

아는 것이 힘이다!

=

아는 것(자연 과학과 기술 개발)으로
세상을 바꾸자

아는 것을 이용하고자 하는 생각은
당시에 획기적이었다

시장의 이돌라다.

이름만 들으면 감이 잡히지 않으니 다음 설명을 보자.

① 동굴의 이돌라

예컨대 초등학생은 학교에서 배운 것, 또한 부모가 가르쳐 준 것이 옳다고 생각할 것이다. 그러나 그것이 전부 다 옳다고는 할 수 없다. 이처럼 개인이 교육을 받거나 어떠한 환경에서 배웠을 때 생기는 편견이 동굴의 이돌라다.

② 극장의 이돌라

전통이나 권위와 관련된 학설 등은 항상 옳다고 할 수 없다. 이를 비판 없이 그대로 믿어서 생기는 편견이 극장의 이돌라다.

③ 종족의 이돌라

인간이 원래 갖고 있던 지성이나 감각이 항상 옳은 인식을 하고 있다고는 할 수 없다. 가끔 관계없는 것을 연결지어 생각하거나 억지로 끼워 맞춰 생각하기도 한다. 이러한 인간의 본성에서 생기는 편견이니 착각이 종족의 이돌라다.

④ 시장의 이돌라

이것은 말의 부적절한 용법에 관한 것이다. 말로 표현할 때 잘못된 말을 적용할 때가 있다. 이러한 잘못된 용법에서 생기는 편견이 시장의 이돌라다.

이렇게 지금도 충분히 있을 수 있는 이돌라가 많이 있다.

진정으로 아는 것을 얻기 위해서는 이러한 이돌라를 제거해 나가야 한다.

그러려면 다양한 경험을 통해 이돌라가 없는 샘플을 많이 모아야 한다. 그리고 그 샘플 중에서 공통점을 발견하여 일반적인 법칙이나 원칙을 이끌어 낸다.

이것이 경험의 축적으로 진리를 이끌어내는 경험론의 학문 방법으로, 일반적으로는 귀납법이라고 부른다. 이 귀납법은 저서인《노붐오르가눔(신기관)》에서 소개되었다.

경험을 중시하는 이 사상은 영국 경험론으로서 로크, 버클리, 흄 등으로 이어졌다.

아는 것을 얻는 방법

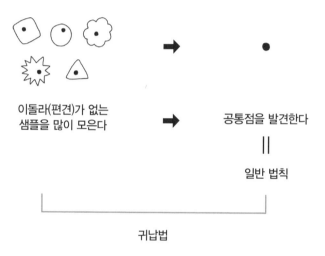

이돌라(편견)가 없는
샘플을 많이 모은다 ➡ 공통점을 발견한다
‖
일반 법칙

귀납법

인격은 악마!?

베이컨의 경험론은 근대 학문의 발전에 큰 영향을 끼쳤다.

이렇게 큰 공적을 남긴 베이컨이지만 인물상에 대해서는 좋은 평가를 받지 못했다. 그의 학식과 인격은 **'천사와 악마만큼이나 정반대'**라고 표현하기까지 한다.

이러한 악평을 부른 계기가 된 것이 에섹스 사건이다.

젊은 나이에 국회의원이 된 베이컨은 출세욕에 눈이 멀어 엘리자베스 여왕의 궁신인 에섹스 백작에게 부탁하여 법무장관이 되려고 했다.

그러나 이 계획은 수포로 돌아갔다. 그 대신 에섹스는 베이컨에게 자신의 영지를 제공해 주었다.

에섹스는 후에 아일랜드 원정에 실패하여 여왕의 노여움을 샀고 반역죄인으로 몰리게 되었다.

베이컨은 이를 심문하기 위해 섰다. 그런데 교우 관계에 있으면서 은혜를 베풀었던 에섹스를 도와주기는커녕, 오히려 여왕 편에 서서 에섹스를 매몰차게 탄핵했다. 우정보다 출세에 유리한 입장을 선택한 베이컨의 행동은 결코 칭찬받을 만한 행동이 아니었다.

그 후 제임스 왕 시대에는 거침없이 출세하여 기어이 최고

위 대법관 자리에까지 올랐다.

그러나 3년 정도 지나 베이컨은 재판 당사자에게 뇌물을 받았다는 고발을 당하고 벌금형에 처해진 것도 모자라 궁정과 관직에서도 추방되었다.

그렇게나 돈에 물든 사람이었을까 싶을 것이다.

그러나 베이컨을 애써 변호하자면, 그 당시에는 재판관이 당사자에게 뇌물을 받는 일이 비일비재했다. 베이컨만 특별히 나쁜 짓을 했던 것은 아니었다.

그러나 관점을 바꿔서 베이컨도 지극히 평범한 인간이었다고도 해석할 수 있다. 그의 사상은 위대했지만 인간성은 결코 위대하지 않았다.

나는 존재하지만
세상은 존재하는가?

데카르트

1596년~1650년. 프랑스 투렌 지방의 라에
출신. 철학자이자 수학자. 젊은 시절에 지
원 장교로 군대에서 일했다. 독일이나 네덜
란드, 이탈리아를 돌아 1628년부터는 네덜
란드에 정착했다. 주요 저서로는 《방법서
설》, 《성찰》 등이 있다.

대륙 합리론의 창시자

세상의 진실인 진리를 추구할 때 영국의 베이컨은 경험을 중시했다. 베이컨은 이돌라(편견)를 제거한 개별 샘플에서 일반 법칙을 이끌어내어 접근했다(=귀납법).

이와 대조적인 방법으로 접근한 사람이 데카르트다.

데카르트는 프랑스인이지만 사실 네덜란드에서 활약했다.

데카르트는 은둔을 생활 지침으로 삼고 그 당시 가장 상업적으로 번영하고 기풍이 자유로웠던 네덜란드의 암스테르담에 살면서 사색에 잠겼다.

데카르트는 경험보다 이성을 중시했다. 확실한 사실을 차근차근 쌓아 합리적으로 결론을 이끌어내는 것이다(=연역법).

이 사고는 **대륙 합리론**이라 불리며 후에 스피노자나 라이프니츠가 계승했다.

자신의 존재를 증명하다

그렇다면 데카르트의 합리적 사고는 어떤 식으로 흘러가는지 따라가 보자.

데카르트는 유럽 각국을 돌며 사람에 따라 하는 말이 제각기 다르다는 사실을 똑똑히 체험했다. 사람에 따라 말이 다르다 함은 인간의 감각이 미덥지 못하다는 뜻이 되었고 '무슨 일이든 의심하고 봐야 한다. 덥석 믿으면 안 된다'라는 생각에 이르렀다.

이처럼 먼저 의심을 하는 것을 **방법적 회의**라고 부른다.

예를 들어 여기에 사과가 있다. 손에 닿는 감촉이나 무게를 봐서 사과였다면 먹었을 때 맛도 사과다. 그렇다면 이것은 틀림없이 사과일 것이다.

그러나 이런 생각도 가능하지 않을까?

이것은 꿈일지도 모른다. 버추얼 리얼리티(컴퓨터 기술을 이용하여 현실이 아닌데도 실제처럼 보이게 하는 현실)를 통해 사과에 관한 정보가 오감으로 느껴지는 것일지도 모른다. 만약 그렇다면 사과가 있다는 사실을 단정할 수는 없을지도 모른다.

이런 식으로 하나부터 열까지 전부 다 의심하는 것이다. 이렇게 해서 진리를 찾는다. 이 세상에서 절대로 의심할 여지가 없는 진리를 찾아내기 위해서 하는 것이다.

마침내 데카르트는 **이 세상에서 의심할 여지가 없는 진리를** 단 하나 찾아냈다. 그것은 **이런저런 생각을 하고 있는 나의 존재**였다.

생각하는 나의 존재는 의심할 여지가 없다. 나의 존재가

데카르트의 방법적 회의란?

무엇이든 의심에서 시작한다

여기에 사과가 있다.
그러나 꿈일지도 모른다...

그러나 의심할 여지가 없는 진리가 단 하나 있다

이렇게 생각하고 있는
나의 존재는 확실하다

나는 생각한다.
그러므로 나는 존재한다

없으면 이런 생각도 할 수 없기 때문이다.

그는 이러한 흐름을 간결하면서도 똑똑하게 표현했다.

'나는 생각한다. 그러므로 나는 존재한다.'

당시 학술 용어였던 라틴어로 말하면 '코기토 에르고 줌'
이다. 코기토는 나는 생각한다는 뜻이며, 에르고는 그러므
로, 줌은 나는 존재한다는 뜻이다.

데카르트의 이론은 이렇게 누구나 이해하기가 쉽기 때문
에 아주 훌륭하다고 할 수 있다.

그리스 철학에서 전환

고대 그리스 철학과 비교하면 데카르트의 철학은 아주 이
질적으로 사고를 한다는 사실을 발견할 수 있다.

고대 그리스 철학에서는 '이 세계는 무엇으로 이루어져 있
는가'라는 물음이 중심이었다.

이 물음의 전제에는 세계가 존재한다는 것이 깔려 있다.

그러나 데카르트는 인간의 감각을 믿을 수 없다고 하여
먼저 인간이 세계를 올바르게 인식하고 있는가를 의심했다.

인간이 올바르게 인식하지 않는다면 세계가 존재하는지

존재하지 않는지도 확실치 않다. 데카르트의 철학에서는 세
계의 존재를 전제로 하지 않았다.

데카르트는 예를 들어 피사체(객관=세계)가 어떻게 되어 있는
지 생각하기 전에 피사체를 비추는 카메라 렌즈(주관=나)의 기
능을 먼저 의심하는 것이나 다름없는 생각을 했다.

객관(=세계)보다 먼저 주관(=나)에 조명을 비추는 것이 데카르
트 철학의 특징이다.

신은 존재한다!

그렇다면 데카르트가 따라간 합리적 사고를 진행해 보자.

여기부터는 주관(=나)과 객관(=세계)이 일치하는가에 대해 생
각해 보려고 한다.

자세히 설명하자면 '나는 생각한다. 그러므로 나는 존재한
다'를 통해 주관(=나)의 존재는 확실해졌으니, 이 확실한 '나'는
'세계'를 올바르게 인식하고 있는가 알아보는 것이다.

그럼 순서대로 살펴보자.

① 인간은 의심하는 존재인 이상 완벽하게 완진한 존재라
고는 할 수 없나.

② 그러나 인간은 신이 완전하다고 생각한다.

③ 불완전한 인간이 완전한 신을 생각할 수 없기 때문에 완전한 신은 인간과 상관이 없고, 반드시 어딘가에 존재하고 있다는 결론에 이른다.

④ 신이 인간을 만들었다면 인간이 잘못 인식하도록 하지는 않았을 것이다. 따라서 인간은 올바르게 인식할 수 있다.

솔직히 알쏭달쏭한 설명일지도 모르겠다.

여기서는 **신의 존재를 증명**하고자 했다는 것이 핵심이다.

신이 존재한다는 전제 하에 신이 인간을 만들었기 때문에 인간의 인식(주관)은 세계(객관)를 올바르게 받아들이는 것이다. 다시 말해 주관(=나)과 객관(=세계)은 일치한다고 풀어냈다.

논리적으로 풀어내기는 했지만 걸리는 점도 몇 가지 있다.

예를 들어 '불완전한 인간이 완전한 신에 대해 생각할 수 있을 리가 없다'라는 주장은 독단적으로 결론을 짓고 이야기를 진행한다는 느낌이 든다.

'나는 생각한다. 그러므로 나는 존재한다'라는 명제까지는 훌륭한 전개를 보이면서도 신의 존재를 증명한 이후에는 살짝 억지로 전개했다는 감이 있어 불만이 남은 데카르트의 사상이었다.

그렇다면 데카르트는 결국 무슨 이야기를 하고 싶었던 것일까?

일본의 사상가 고바야시 히데오는 다음과 같이 해석했다.

신에 대한 사람들의 믿음이 흔들리던 시대, 특히 데카르트가 살았던 네덜란드는 세계 무역으로 번창하면서 최초로 자본주의가 꿈틀거리기 시작하고 물질문명이 가속화하고 있었다. 물건이나 돈에 대한 집착이 높아진 대신 인간이 정신적으로 타락하는 모습도 보였다.

이를 우려한 데카르트는 다시 한번 신에 대한 신앙을 되찾고자 했던 것이 아닐까? 그러나 교회의 설교에 대한 믿음은 이미 사라져 있었다. 그래서 그는 자연 과학처럼 누구나 수긍이 갈 만한 합리적인 설명으로 신의 존재를 증명하고자 했던 것이 아닐까 하는 견해를 내놓았다.

데카르트의 심신이원론

한편 데카르트는 주관(=나)과 객관(=세계)을 나눠서 생각했는데 애초에 이렇게 이분법을 시작한 사람이 비로 데카르트다.

바꿔 말하면 정신과 사물이라고도 할 수 있다. 이것을 **심신이원론**이라고 부른다.

데카르트의 이원론

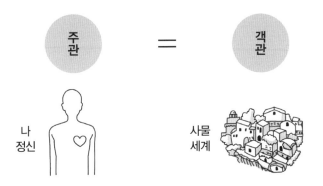

주관 = 객관

나
정신

사물
세계

데카르트는 주관과 객관이 일치한다고 생각했다

그러나 그렇게 전제를 두면 설명이 되지 않을 때가 있다
그리고 후세의 철학자들이 남은 과제에 도전했다

주관(=나)과 객관(=세계)은 일치하는가? 혹은 정신과 사물은
어떤 관계에 있는가?

데카르트 이후로는 이 질문에 대해 고찰하는 것이 철학의
큰 테마가 되었다.

이 세상 모든 것은
신의 출현이다

스피노자

1632년~1677년. 네덜란드 암스테르담 출신. 유대인 상인 집안에서 태어났지만 그의 자유주의 사상 때문에 23세가 되던 해에 유대 교회에서 파문당했다. 주요 저서인 《에티카》는 그가 세상을 떠난 후에 출판되었다.

스피노자, 데카르트를 배우다

데카르트와 베이컨 이후로 대륙 합리론과 영국 경험론이라는 두 가지 큰 흐름 속에서 다양한 사상이 생겨났다.

대륙 합리론 중에서는 데카르트 바로 곁에서 데카르트 철학을 배운 스피노자가 유명하다.

스피노자는 유대인 상인 집안 출신이다. 일가는 포르투갈에서 받은 박해를 견디지 못하고 네덜란드의 암스테르담으로 몸을 피하였고, 그곳에서 스피노자가 태어났다. 스피노자는 출국하는 일 한 번 없이 평생을 네덜란드에서 지냈다.

어린 시절에는 암스테르담의 유대인 거리(게토)에 살면서 그곳에 있는 유대 교회에서 성전과 함께 헤브라이어를 배웠다. 그 후 라틴어 학원에서 라틴어뿐만 아니라 철학, 의학, 자연과학 등도 배웠다.

스피노자가 태어난 1630년대는 이미 네덜란드에서 태어난 데카르트 철학이 국가적 재산이었다. 이 최신 철학을 독학하면서 크게 자극을 받은 스피노자는 새로운 시대의 철학을 구상하고자 했다.

신(자연)이야말로 유일한 실체

데카르트의 심신이원론과 반대로 스피노자는 **일원론**을 주장했다.

그는 **신이야말로 유일한 실체**라고 생각했다. 다시 말해 '이 세상에 신 말고는 아무것도 존재하지 않는다'라고 주장했다.

여기서 말하는 신이란 유대교나 기독교에서 믿는 유일신 야하웨(여호와)가 아니다. **스피노자가 말하는 신이란 자연**으로 바꿔 말할 수 있다.

예컨대 고대 일본에서는 자연이나 자연이 가져오는 현상에 성스러운 무언가를 느끼고 자연을 신으로 숭배했다. 스피노자가 말하는 신이란 이와 비슷한 감각이었다고 할 수 있다.

스피노자의 신에는 동양적 사상이 느껴진다. 나아가 자연환경을 중시하기 때문에 현재의 에콜로지(생태학) 감각과도 연결된다.

유일한 실체인 신, 즉 자연은 형태를 바꿔 나타난다. 이 세상 모든 것은 신이 모습을 바꾸어 나타나는 것일 뿐이다. 스피노자는 그렇게 생각했다.

그러자 이원론처럼 정신과 물질로 나눠서 생각할 필요가

없어졌다. 정신도 물질도 모두 신이 형태를 바꿨을 뿐이지 원래는 똑같은 신인 것이다. 신이야말로 유일한 실체였다.

이것이 스피노자의 일원론으로 이 세상 모든 것은 신의 출현이라고 하여 그의 철학은 **범신론**이라고도 불린다.

범신론의 입장에서 스피노자는 데카르트가 남긴 또 다른 과제를 맞았다.

데카르트는 신의 존재를 증명하기 위해 인간의 인식(주관)과 세계(객관)가 일치한다고 주장했는데, 이미 봤듯이 완전히 이해하기에는 무리가 있었다.

그러나 스피노자의 범신론으로는 인간의 인식(주관)과 세계(객관)가 일치한다는 내용은 무리 없이 설명할 수 있었다.

인간의 정신이 신의 출현이라면 세상에 널리 퍼진 물질도 신의 출현인 것이다. 원래는 신이기 때문에 양자 사이에 불일치는 없다는 뜻이다. 따라서 인간의 인식(주관)과 세계(객관)는 당연히 일치하게 된다.

스피노자의 범신론

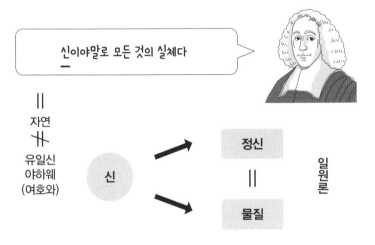

신이야말로 모든 것의 실체다

||
자연
⫤
유일신
야하웨
(여호와)

신

정신
||
물질

일원론

세상의 모든 것은 신이 형태를 바꾼 것

수도사와 같은 생활

정신이 신의 출현이라는 것은 둘째 치고 물질까지 신의 출현이라고 주장한 것은 그 당시 위험한 사상이었다. 이는 아무리 봐도 유대교의 유일신인 야하웨(여호와)에 해당되지 않는 것이기 때문이다. 그 이유로 스피노자는 매몰찬 비판을 받고 **무신론자라는 각인이 찍힌 채 유대 교회에서 추방**되었다.

추방을 당하고 암스테르담에서 쫓겨난 스피노자는 각지를 전전했다. 그래서 자신의 철학을 정리한 《에티카(Ethica)》를 출판하기가 어려워졌다. 이 책은 스피노자가 세상을 떠난 후인 1677년에 친구가 대신 출판했다.

《에티카》는 이색 철학서다. 부제인 '기하학적 질서로 논증하다'에서 볼 수 있듯이, 마치 수학 공식을 이끌어내듯이 논리정연하게 철학을 해설했다.

처음에는 정의를 설명하고 정리와 증명을 교대로 반복하면서 차근차근 풀이한다. 거기에 군더더기는 전혀 없고 단적인 표현이 이어진다. 이 책에서 증명한 것이 '신이야말로 유일한 실체'라는 내용이었다.

기하학적인 철학서 《에티카》처럼 스피노자의 생활도 군더더기 하나 없이 간결했다. 평생을 독신으로 살아온 스피노자는 홀로 다락방을 빌려 생활하면서 한 번 식사할 때는 버터가 들어간 스프, 맥주 한 잔, 오트밀만 먹었다. 집필하기 위해 방에 있는 일이 많아서 밖을 돌아다니는 일도 거의 없었다.

얼핏 금욕적으로도 느껴지는데, 스피노자는 오히려 쾌락주의에 가깝다는 감각이 있었다. 자신의 자유를 추구한 결과 그러한 생활을 보내게 된 것이다. 그 무엇에도 방해 받지 않고 오로지 사색과 집필에 집중하기 위한 시간을 확보한 것이다.

대학의 일자리도 내려놓은 스피노자의 주요 수입원은 렌즈 깎기였다. 그러나 렌즈 깎기를 하면서 생긴 미세한 유리 먼지가 지병인 폐결핵을 악화시키는 바람에 만년을 보낸 하그에서 45세라는 젊은 나이에 세상을 떠나고 말았다.

살아생전에는 《데카르트의 철학 원리》(1644)와 《신학·정치론》을 익명으로 출판(1670)했을 뿐이었다.

《신학·정치론》은 자신의 철학이 무신론이 아니라는 사실을 변명한 내용이었는데 동시대 사람들은 거의 이해하지 못했다. 결국 칼뱅 교회에서도 네덜란드 교회에서도 금서가 되고 말았다.

스피노자의 철학은 '죽은 개'로 매장되었다. 그러다가 1세기 후에 독일에서 각광을 받았다. 그때부터 20세기 철학에 막대한 영양을 미쳤다.

라이프니츠의 모나드

독일 철학의 아버지라 불리는 **라이프니츠**에 대해서도 알아보자.

라이프니츠는 독일의 철학자로 신학, 정치학, 물리학, 수학에도 정통한 천재였다. 사실 그는 스피노자가 죽기 불과 4개월 전에 하그에서 그를 만났다. 그때 《에티카》의 초고도 읽지 않았을까 추측된다. 라이프니츠는 반사회적인 스피노자를 공공연히 평가하는 일은 없었지만 큰 영향을 받았던 것만은 틀림없다.

라이프니츠는 《단자론(모나드로지)》을 썼는데, 거기서 **세계는 무수한 모나드(단자)로 이루어져 있다**고 주장했다.

이 모나드는 분할이 불가능하고 불변한 실체다. 이렇게 말하면 데모크리토스의 아톰(원자)과 비슷해 보이는데, 모나드란 물체가 아니라 정신적 실체를 말한다.

정신적 실체인 모나드 하나하나가 각 세계를 표상하고 이것들이 모여 세계 전체를 이룬다.

모나드는 각각 독립된 존재이기 때문에 서로 간섭하지 않는다. 그럼에도 모나드의 표상이 모여 이루어진 세계 전체의 질서는 유지된다.

그러면 모나드가 조화롭고 균형 있도록 누군가 봐 주는 존재가 있지 않을까? 그것이 바로 신이다. 모나드의 창조주는 신인 것이다.

세계는 신이 만든 모나드로 이루어져 있다. 이것이 라이프니츠식 일원론이었다.

라이프니츠의 모나드론

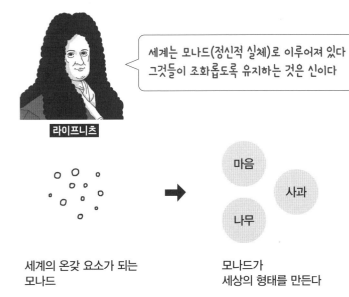

세계는 모나드(정신적 실체)로 이루어져 있다
그것들이 조화롭도록 유지하는 것은 신이다

라이프니츠

세계의 온갖 요소가 되는
모나드

모나드가
세상의 형태를 만든다

인간은 태어날 때
백지 상태다

로크

1632년~1704년. 영국 서미싯주의 링턴에서 출생. 철학, 정치학, 경제학 분야에서 활동. 근대시민 사회의 정치사상을 대변함. 주요 저서는 《통치이론》《인간지성론》 등이 있다.

생득 관념을 부정하다

스피노자나 라이프니츠는 데카르트의 이원론 문제를 해소하려고 했지만, 그것은 일원적으로 본 세계상을 그린 것일 뿐 인간의 주관 문제는 뒷전이었다. 원래 '인간은 세계를 올바르게 인식하고 있는가'라고 데카르트가 품었던 의심은 주관의 문제였다.

세계가 어떤 모습을 띠고 있든 결국에는 인간의 감각이 어떻게 받아들이느냐에 따라 세계의 모습은 변할 것이다. 주관의 문제를 피할 수는 없다. 이 주관의 문제에 접근한 학자들이 영국의 경험론 철학자들인 로크, 버클리, 흄이었다.

먼저 로크 이야기를 해 보자.

로크는 국왕에 대한 신뢰가 흔들리면서 정치적으로 혼란스러웠던 17세기 영국에서 시민과 국가는 계약 관계에 있다는 새로운 사회상을 제시한 것으로 유명하다.

로크는 '원래 뿔뿔이 흩어져 있던 개인이 계약을 맺어 만든 것이 국가다(사회 계약론)'라고 생각했다. 그리고 1688년, 국왕 제임스 2세를 추방한 명예혁명에서는 중요한 역할을 맡았다.

참고로 같은 영국의 정치 철학가인 홉스는 '한 번 계약을 맺고 국가를 만들면 개인은 국가의 명령을 들어야 한다'라고

주장했는데, 로크는 그와 달리 '계약 후에도 국민은 개인의
권리를 유지한다'라고 생각했다. 그 말인즉슨, 로크는 현대의
국가관과 통하는 국민 주권을 주장한 것이다.

그런 로크는 저서 《인간 지성론》에서 인간의 주관을 문제
로 삼고 '인간은 진리를 인식할 수 있는가'에 대해 고찰했다.
거기서 **백지(타블라 라사)**에 빗대어 생각했다.

이는 **'인간은 누구나 태어날 때는 마음이 백지 상태다'**라는 뜻
이다. 태어났을 때는 백지 상태지만 그 위에 생긴 경험을 바
탕으로 관념이 자리를 잡는다고 생각했다.

관념이란 인간이 보고 듣고 느끼면서 의식하는 모든 것을
가리킨다.

당시에 인간은 전생에 얻은 지식을 어느 정도 가지고 태어
난다는 플라톤의 생각 또는 인간은 날 때부터 어떤 관념을
갖고 있다(=생득 관념)고 주장한 데카르트 이후로 대륙 합리설
을 믿었던 사람들 입장에서 로크의 관점은 참신했다.

세계가 존재한다는 것이 전제였다

로크가 생각했던 백지에 대해 조금 더 구체적으로 살펴

감각을 통해 인간은 세계를 인식하기 시작한다

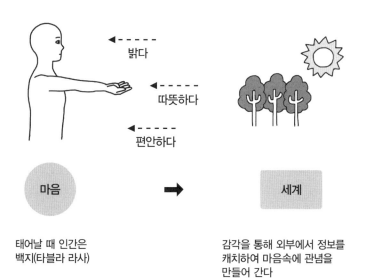

밝다

따뜻하다

편안하다

마음

세계

태어날 때 인간은
백지(타블라 라사)

감각을 통해 외부에서 정보를
캐치하여 마음속에 관념을
만들어 간다

보자.

인간은 태어나서 바로 감각을 통해 '밝다', '어둡다', '빨갛다', '파랗다', '뜨겁다', '차갑다', '딱딱하다', '부드럽다' 등의 인상을 받는다. 그러나 인식이 덜 발달된 단계에서는 이들 인상에 이름을 붙일 수가 없다. 그 인상을 기억해 두고 다른 사물과 연관 짓는 과정을 거쳐 그에 관한 개념을 차차 완성해 간다.

각 사물의 개념이 확립되어 가면서 자신이 살고 있는 세계는 과연 어떤 곳인가 하는 일반적인 개념이 자리 잡힌다. 이윽고 각 사물에 이름을 매치해가면서 세계에 대한 이해가 깊어진다. 생각하는 능력도 점점 발달한다.

이 흐름 속에서 **중요한 핵심은 감각**이다. 관념을 형성해가는 마음, 그리고 마음 밖에 있는 세계 사이에 감각이 존재한다. 감각이 다양한 정보를 캐치하고 그것을 두뇌로 판단하여 복잡하고 정교한 관념을 확립해가는 것이다.

이러한 설명은 현대시대에도 충분히 수긍이 가는 설명이 아닌가. 하지만 과제도 남아 있었다. 정신(마음)과 사물(세계)이라는 이원론에서 애초에 '세계는 존재하는가?'라는 질문에 대해서 로크는 어떠한 대답도 제시하지 않았다.

로크의 설명은 세계가 존재한다는 전제가 바닥에 깔린 상태에서 이야기가 진행된다. 인간의 마음은 마음 밖에 있는 세계를 점점 알아 가면서 관념이 생긴다고 했기 때문이다. 그러나 마음속에 관념이 확립되어 있다고 해서 마음 밖에 그 관념과 대응하는 세계가 반드시 존재한다고는 볼 수 없다.

'세계는 존재하는가?'라는 명제는 다음에 소개할 버클리에게 넘어갔다.

버클리: 주체만이 존재한다

버클리(1685~1753)는 '세계는 존재하지 않는다'라고 하지는 않았지만 '세계는 존재하더라도 인간에게는 아무런 의미가 없다'라고 주장했다.

인간은 감각을 통해 세계에 접근한다. 그러나 감각을 통해 얻은 사물의 이미지, 소리, 색깔, 감촉은 대체 무엇을 뜻하는 것일까?

이러한 감각을 통해 얻은 정보가 있다고 해서 그와 같은 사물이 있다는 것은 증명할 수 없다. 그러한 사물의 존재를 증명할 수 없다면 그 사물의 존재 여부를 논하여도 의미가 없다. 따라서 버클리는 '세계는 존재하지 않는 것으로 간주

한다'라고 주장했다.

주체(나)만이 존재한다. 주체는 보거나 듣거나 느끼거나 지각하여 사물의 존재를 인식하지만 '사물은 지각되는 것으로만 존재한다'는 것이다. 지각되지 않는 것은 존재하지 않는 것이나 마찬가지다.

'존재한다는 것은 지각되는 것이다'라고 버클리는 생각했다.

이는 어떻게 보면 진실이다. 미국 대륙을 발견하기 전에 유럽인들에게 미국 대륙은 존재하지 않는 것이나 마찬가지였다.

한편, 독실한 기독교 신자였던 버클리는 '현실은 모두 신의 마음속에 있고, 신이 인간의 마음속으로 관념을 보내고 있다'라고 주장했다. 결국 마음 밖에 있는 세계의 존재를 전제로 했던 것이었다.

흄: 주체는 감각의 다발

흄(1711~1776)도 '세계(물질계)가 마음 밖에 독립하여 존재한다는 사실에 대해 확신을 갖고 알아낼 수 없다'라는 점에서는 버클리에게 동의했다.

흄은 나아가 주체의 존재까지 의심했다는 점에서 혁신적

로크를 계승한 버클리와 흄

버클리는 '주체만이 존재한다'라고 주장했고
흄은 '주체조차도 반드시 존재한다고는 할 수 없다'라고 주장했다

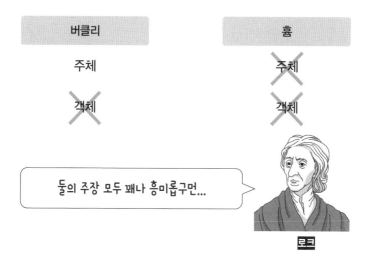

둘의 주장 모두 꽤나 흥미롭구먼...

로크

이었다.

버클리는 주체만이 존재한다고 주장했는데, 흄은 **'주체조차
도 존재한다고 추측할 수 있는 근거는 없다'**라고 했다. 주체도 픽
션에 지나지 않는다는 것이다.

주체란 무엇인가? 나는 무엇인가? 결국에는 감각을 통해
무언가를 지각하는 경험만이 있는 것이 아닌가? 주체(나)란
감각의 모임(감각의 다발)일 뿐이다.

흄은 이렇게 생각했다.

다시 말해 주체란 사물을 인식하는 전제로서 있는 것이
아니다. 오히려 지각의 결과로서 주체가 있다는 뜻이다.

또한 흄은 이런 주장도 했다.

'개개인의 경험이 가져오는 것에는 인과관계(원인과 결과)가 있
다고 믿고들 있지만 이러한 인과성의 관념도 습관적인 것에
지나지 않는다.'

예컨대 종이에 불을 붙이면 탄다. 종이는 불의 열 때문에
(원인) 탔다(결과)고 생각하는 것이 일반적이다.

그러나 실제로는 '종이에 불을 붙였다', '종이가 탔다'라는
두 가지 사건이 있을 뿐이다. 시간적으로 가깝기 때문에 두
사건을 연결시켜 원인과 결과라고 생각할 뿐이지 사실은 관
계가 없을지도 모른다. 인과관계는 인간이 만들어 낸 것이고

그렇게 믿어야 한다는 습관에 얽매여 있을 뿐이라는 뜻이다.

세계도 없다. 나도 없다. 자연과학에서 인정되는 인과관계도 없다. 감각의 모임만 있을 뿐이다.

흄은 '경험으로 얻은 것보다 더 많은 지식은 존재하지 않는다'라고 결론을 내렸다.

인간은 약하지만
생각하기 때문에 위대하다

파스칼

1623년~1662년. 프랑스 오베르뉴 지방 클
레르몽페랑 출신. 과학자이자 사상가. 아
버지의 영재 교육 덕분에 유소년 시절부터
천재성을 발휘했다. 독실한 종교가로 만년
에는 금욕주의에 심취했다. 주요 저서로는
《팡세》가 있다.

종교 철학자, 파스칼

'지각한 것밖에 존재하지 않는다'

'아니, 나도 존재하지 않고 감각의 모임만 있다'

영국 경험론은 과격한 방향으로 흘러갔지만 다시 한번 여기서 데카르트의 심신이원론으로 돌아가 다른 각도로 비판한 인물에 다가가 보자.

그 인물은 데카르트와 마찬가지로 프랑스인인 파스칼이다. 데카르트처럼 파스칼도 과학자이자 수학자라는 이미지가 강할 것이다.

예를 들어 물리 과목에서 꼭 나오는 **파스칼의 원리**가 유명하다. '용기에 갇힌 유체(액체와 기체)에 압력을 가하면 그 압력은 유체 전체에 동일하게 전달된다'라는 원리다. 파스칼이나 헥토파스칼 등 그의 이름은 압력 단위로도 쓰인다.

그는 계산기도 만들었다. 전기식은 아니고 톱니바퀴를 맞물리게 해서 기계 구조로 만든 계산기다.

이때 파스칼은 24세였는데, 이 진귀한 계산기를 보기 위해 대선배인 데카르트까지 찾아왔다고 한다. 또한 승합 마차의 시각표를 만들어 현재의 버스와 같은 운행시스템을 갖추게 한 사람도 파스칼이었다. 이처럼 근대 과학 기술의 추

진에 막대한 공헌을 한 파스칼은 종교 철학자이기도 하다. 무신앙자를 설득하기 위해 《기독교 호교론》도 썼다.

덧붙이자면 파스칼의 유명한 저서인 《팡세》(프랑스어로 팡세 [Pensées]는 사고나 생각이라는 뜻)는 이 호교론의 초고를 파스칼이 죽은 후에 정리한 것이다.

데카르트나 스피노자가 말하는 신은 각 종교의 신에서 분리되어 나온 이른바 철학용 신이었는데, 파스칼이 말하는 신은 기독교 신이다.

그러나 기독교 신의 가르침과 자연과학은 양립할 수 없다. 기독교가 제창하는 천동설과 갈릴레오들이 실증한 지동설이 모순되듯이 양자는 반드시 부딪친다.

그래서 파스칼은 어떻게 했을까?

양자를 각각 다른 곳에 놓았다. 다시 말해 자연과학과 신앙을 구별하여 생각했고 둘 다 긍정하도록 한 것이다. 이처럼 자연과학도 긍정하면서 기독교 신앙과 타협점을 찾은 파스칼은 철학과 신앙을 연결하여 사람들의 신앙심을 높이고자 했다.

인간은 가장 약하다

파스칼은 기본적으로 데카르트의 심신이원론을 바탕으로 생각했다.

먼저 인간(나)과 세계(우주)를 놓는다. 이 도식 안에서 파스칼은 말한다.

'인간은 자연 안에서 가장 약한 존재다'

인간은 우주 안에서는 언급할 가치도 없는 존재다. 우주 전체가 무장을 할 필요도 없이 물이나 공기를 거두어들이면 인간은 간단히 죽을 것이라고 말했다.

파스칼은 이런 말도 했다.

'무너진 집은 추하지 않다. 추한 것은 인간뿐이다.'

약하고 추한 인간.

이런 인간을 파스칼은 갈대에 빗대었다. 갈대란 물가에서 가냘프게 살아가는 풀이다. 밟히면 끝장이다. 인간은 그런 갈대에 지나지 않는다는 것이다. 그러나 파스칼은 이어서 이렇게 덧붙였다.

'인간은 생각하는 갈대다.'

유명한 말이다. **인간은 자연 속에서 가장 약한 존재지만 생각한다는 점 때문에 위대하다**는 뜻이다.

'인간은 생각하는 갈대다'라는 말의 뜻은?

인간은 생각하는 갈대다!

자연 속에서 가장 약하지만
생각한다는 점 때문에 위대하다

그러나 생각을 하기 때문에
인간은 불안이나 고독을 느낀다

자연이나 우주는 생각할 줄을 모른다. 그러나 인간은 생각할 줄 안다. 수목은 생각하지 않기 때문에 자신이 추하다고 생각하지 않는다. 그러나 인간은 자신을 추하다고 생각한다. 추한 것을 알기 때문에 위대하다.

파스칼은 인간의 존엄은 생각하는 것에 있기 때문에 '잘 생각하도록 노력하자'라고 주장했다.

참고로 인간의 기능 중에서 생각하는 것은 마음(영혼)이 담당한다. 육체가 아니다. 데카르트의 '나는 생각한다'도 마음에 중심이 있었다. 따라서 여기까지는 데카르트와 거의 비슷한 생각을 따라 갔다고 할 수 있다.

데카르트의 신을 비판

파스칼은 생각한다는 점 때문에 인간을 긍정했다. 그러나 생각하기 때문에 인간은 불안이나 고독을 느낀다. 이를 극복하려면 어떻게 해야 할까?

파스칼은 데카르트를 비판하면서 신앙으로 향했다.

데카르트는 신의 존재를 증명했다. 그 후 세계에 대해 이렇게 생각했다.

하늘에 있는 별의 움직임, 날씨 변화, 강이나 바다의 흐름, 식물의 성장, 동물의 생활, 이러한 세상의 모든 움직임은 기계처럼 설계되어 있다. 이는 **기계론적 자연관**이라고 불린다. 그리고 신이 이 세계를 설계했다고 했다.

데카르트의 신은 세계를 설계했다. 그러나 반대로 말하면 신은 세계를 설계하여 움직이도록 만들기만 했을 뿐이라고 해석할 수 있다. 파스칼은 이 부분을 따끔히 비판했다.

데카르트의 신은 세계를 설계하고 움직이면 그걸로 끝이다. 그 이상은 관여하지 않는다. 신이 설계한 이상 고장 날 일도 없이 모든 것이 순조롭게 진행되기 때문에 당연히 그 이상은 나설 일이 없다.

그러나 파스칼은 신이 만든 세상에는 설계 미스가 있다고까지는 하지 않았지만, 데카르트의 신에는 사랑과 위로가 부족하다고 느꼈다.

인간은 불완전한 존재다. 고독과 불안과 자신이 추하다는 것을 느낀다. 그 마음을 위로해 주는 것은 신이고 가끔 기적을 일으켜 주길 바란다고 생각했던 것이다.

파스칼은 그야말로 기독교 신의 고귀함을 어필했다.

신의 존재를 걸다

그렇다면 대체 신은 존재할까?

데카르트가 신의 존재를 증명한 것에는 살짝 의문이 남지만 파스칼은 **수학자다운 확률론**으로 접근했다.

동전을 던져서 앞이 나올 확률은 50%다. 여러 번 계속 던지면 한없이 50%에 가까워진다. 그러나 딱 한번밖에 던질 수 없다면 앞과 뒤 가운데 하나가 나오게 된다. 이와 마찬가지로 인생도 단 한 번뿐이니 A 아니면 B라는 선택지가 있을 때 A와 B 중 하나만 선택해야 한다고 생각할 수 있다.

그렇다면 '신이 존재하는가?'라는 문제로 생각해 보자.

단 한 번뿐인 인생에서 우리는 A '신은 있다'와 B '신은 없다' 중 하나에 걸 수밖에 없다. 이처럼 파스칼은 **신의 존재를 내기**에 걸었다.

A '신은 있다'에 건 인생을 생각해 보자. 정말 신이 존재한다면 신앙 덕분에 천국으로 갈 수 있다. 신이 존재하지 않는다면 내기에는 지지만 잃는 것은 아무것도 없다.

B '신은 없다'에 건 인생에서는 진짜 신이 존재한다면 무신앙으로 지옥에 간다. 신이 존재하지 않는다면 내기에는 이기지만 특별히 얻는 것은 없다.

파스칼은 신의 존재를 이렇게 생각했다

신은 있는가? 없는가?

있을 때	VS	없을 때

신이 있을 때 신앙 덕분에
천국에 갈 수 있다
없다고 해도 내기에는 지지만
잃는 것은 없다

신이 있을 때 무신앙으로
지옥에 간다
없을 때는 내기에 이기지만
얻는 것은 없다

아무튼 신이 있는 쪽에 걸면
손해는 보지 않는다

이렇게 생각하면 '신이 있다'에 거는 편이 더 좋다는 결론이 나온다.

파스칼은 단 한 번뿐인 인생에서 '신이 존재하는 것에 걸고 신앙을 하는 편이 좋다'라는 합리적인 주장을 했다.

'이성보다 감정'이라 말한
계몽주의자

루소

1712년~1778년. 스위스 제네바 출신. 백과
전서파 중 한 사람이지만 볼테르, 디드로
와 절교했다. 주요 저서로는 《인간 불평등
기원론》, 《에밀》, 《사회계약론》 등이 있다.

계몽주의의 이단아

17~18세기의 유럽은 과학 기술의 진보로 생산력이 늘고 경제는 점점 활성화되었다. 이때 새로운 계급인 **시민(부르주아)** 이 등장했다.

시민들은 부를 축적하여 경제적인 힘을 뒤에 업은 채 자유로운 개인으로서 살 권리를 주장하게 되었다. 이것이 **전제적 왕의 구체제를 무너뜨리는 시민혁명**으로 이어졌다.

영국에서는 청교도혁명과 명예혁명이 일어났다. 홉스나 로크가 제창한 사회계약론이 사상적으로 후원해 주었다.

한편 프랑스혁명에서는 **계몽주의**라는 사상적 운동이 관계했다. 계몽이란 밝히는 것이다. 다시 말해 '인간 개개인의 정신을 밝힌다'라는 뜻이다. 그때까지 일부 제한된 인간만이 이성적으로 생각했던 것을 모든 사람에게 널리 퍼뜨린 운동이라고 할 수 있다.

계몽주의 하면 《백과전서》 간행이 따라온다. 이는 다양한 분야의 학문이나 기술을 집대성했다고도 할 수 있는 백과사전이다. 백과사전이 있으면 누구는 지식의 집대성에 접근할 수 있다. 따라서 이 사업은 널리 많은 사람에게 학문을 퍼뜨린다는 의미에서 큰 역할을 해냈다.

《백과전서》의 편집과 집필에 관여한 사람들이 백과전서파라 불리는 사상가들이다. 여기에는 볼테르, 디드로, 루소 등이 속해 있다.

이 멤버들 중에서 **이단아 같은 존재**였던 사람이 루소다.

왜 이단아였을까? 그는 이성을 호소한 계몽주의에서 이성보다는 감정을 더 중시했다. 데카르트 이래로 대륙합리론의 전통을 계승한 프랑스에서는 이성을 중시했는데, 루소는 홀로 감정이라고 주장하여 주위를 적으로 돌렸다.

그러나 이 루소의 사상이 프랑스혁명에 큰 영향을 미쳤다.

명예는 금서

루소가 이성보다 감정이라고 말한 배경에는 그의 가혹한 성장 과정이 있다.

루소는 제네바에서 태어난 스위스인이다. 태어나고 9일 후에 어머니를 여의고 아버지와 숙모 손에서 자랐다. 그 아버지도 루소가 열 살 되던 해에 실종되었다. 그렇게 루소는 목사 집이나 숙부 집을 전전하며 길러졌다.

성장한 루소는 금세공사(조금사[彫金師]) 수습공, 가정교사, 하인 등 먹고 살기 위해 닥치는 대로 일을 했다.

그는 책을 읽으며 홀로 교양을 다졌고 정식 교육은 거의 받지 못했다. 가혹한 현실 속에서 자신의 힘으로만 버텨낸 루소는 이성적으로 사리를 따져가며 생각하기보다 자연스레 샘솟는 감정을 중시하게 되었다.

파리로 나온 것은 음악으로 돈을 벌기 위해서였다. 그는 새로운 악보 표기법을 고안했다. 그래서 《백과전서》에서는 음악 부분을 담당했다.

루소의 이름은 40세가 가까워진 1750년, 디종 아카데미의 현상논문에 제출한 《학문 예술론》이 입선하면서 널리 알려지게 되었다.

그러나 교육론을 저술한 《에밀》이나 정치 철학을 저술한 《사회계약론》을 출판하자, 이 책들은 정부와 종교를 모독했다고 하여 금서가 되었고, 체포장이 나와 루소는 스위스로 망명할 수밖에 없었다.

그러나 스위스에서도 박해를 받고 흄의 부름을 받아 영국으로 건너갔다. 그러나 흄과도 사이가 틀어지는 바람에 가명을 써서 파리로 돌아와 세상을 떠났다.

이처럼 루소는 마음에 안정을 얻을 장소 하나 없이 뿌리 없는 풀처럼 떠돌며 살았다.

문명사회에서는 진정한 자신이 아니다

루소의 사상을 세 가지로 정리해서 살펴보자.

첫 번째가 처음에도 언급했던 **이성보다 감정**이다. 이는 루소가 문명에 적의를 나타낸 것이라고도 할 수 있다. 이성보다 감정을 우선하는 모습은 이윽고 시작될 낭만주의 운동의 선구자로 간주되어진다.

두 번째가 **문명은 악(惡)**이라는 것이다. 루소는 '인간의 본능은 태어날 때는 〈선〉이지만 문명사회에서 자라면서 〈기만〉과 〈위선〉을 하게 되므로 문명은 악이다'라고 주장했다.

생각해 보면 확실히 그런 면이 있다. 인간은 문명사회에서 자라면서 살아가기 위해 이성으로 자신의 감정을 제어하고, 진정한 감정을 표출하지 않도록 참으며 그 문명사회의 법이나 습관에 맞게 행동한다. 자신의 본모습과는 점점 멀어지고 기만과 위선만이 남게 된다.

그러나 문명사회를 부수고 이제 와서 수렵 생활로 돌아갈 수는 없다. 그렇다면 어떻게 해야 하는가? 인간의 자연스러운 본능과 감정을 솔직하게 표현할 수 있는 문명으로 다시 만들어야 한다.

그래서 루소는 교육의 변혁을 주장했다. 어느 일정한 형태에 끼워 맞추는 교육에서 어린이가 원래 가진 것을 표현하고 발달시킬 수 있는 교육으로 전환하는 것이다. 교육에는 규칙이나 징벌이 아니라 배려와 애정이 필요하다고 했다.

이러한 교육관을 정리한 책이 《에밀》이었다. 당시에는 비판도 받았지만 후세에 이 작품은 유럽 교육에 막대한 영향을 끼쳤다.

로크의 사회계약론을 비판

세 번째는 정치 철학에서 **일반 의지**라고 하는 생각이다.

원래 인간은 각각 독립된 존재이기 때문에 지배하는 자도 지배당하는 자도 없었다. 모든 사람이 자유롭고 평등했다. 그러나 문명이 발달하여 내 것이라는 범위가 생기면서 많이 가진 자는 지배하는 자, 조금만 가진 자는 지배당하는 자로 나뉘게 되었다.

로크는 사회계약론에서 '뿔뿔이 흩어져 있던 개인이 계약을 맺고 만드는 것이 국가다'라고 했고, '계약 후에도 국민은 개인으로서 권리를 유지한다'라고도 했다.

국민의 권리가 유지된다는 점 때문에 얼핏 좋아 보이지만 이는 다시 말하자면 자신의 재산이 법적으로 정당화된다는 뜻이다.

부를 쌓을 수 있는 자의 부가 보호되기만 할 뿐 빈곤층에게는 은혜롭지 않아서 불평등은 점점 커져가고 지배하는 자와 지배당하는 자의 관계는 더 뚜렷해진다. 따라서 로크의 사회계약론은 부를 갖기 시작한 시민의 바람을 대변한 것이었다고 볼 수 있다.

이에 대해 루소는 일반 의지라는 생각을 제시했다.

일반 의지란 사회 전체의 의지다. **'사회 전체로 봤을 때 가장 좋다고 생각되는 이익을 추구하는 의지'**라는 뜻이다.

한번 일반 의지를 내걸면 개인은 사적인 의지를 포기하고 일반의지에만 따르게 된다. 그리고 주권자인 국민은 국왕이든 정치가든 공무원이든 상관없이 누군가에게 국가를 맡겨 이 일반의지를 따라 움직이게 하면 된다.

그때 만약 그 계약을 한 국가가 실수를 저질렀다면 계약을 다시 맺는다. 루소는 **언제든 국가는 재건할 수 있다**는 생각도 나타냈다. 이처럼 사회는 재건할 수 있다는 생각이 프랑스혁명으로 이어졌다.

참고로 현대의 일본처럼 간접 민주주의에서는 소수의견을 배제한 전체 의지가 생겨난다. 소수의견도 반영한 일반의지

루소의 주요 3가지 사상

① 이성보다 감정이다!

혹독한 환경 속에서 살아간 루소는
이성적으로 사리를 따져 가며 생각하기보다
자연스레 샘솟는 감정을 중시하게 되었다

② 문명은 악이다

문명사회는 이성으로 감정을 억누른다

③ 일반의지로 나라를 움직여라!

일반의지=사회 전체로서 최선의 이익을 추구하는 의지
일반의지를 내걸었다면 개인은 사적인 의지를 포기하고
일반의지에만 따르게 된다

로크의 사회계약론에서
개인의 권리(재산권 등)를 부정했다

를 만들려면 전국민이 집회에 참가할 수 있는 직접 민주주의
가 필요하다.

　그러므로 루소의 사상에서는 일반의지에서 일탈할 권리가
개인에게는 없고, 로크가 말한 것처럼 개인의 권리가 유지되
지도 않는다. 이렇게 개인에게 자유가 없는 것이나 마찬가지
라고 하여 공산주의적인 혁명 이론에도 영향을 끼쳤다.

객관은 주관 안에
만들어진다

칸트

1724년~1804년. 동프로이센 쾨니히스베르
크(현재 러시아령) 출신. 평생을 쾨니히스
베르크에서 활동했다. 중세 이후에 대학에
서 철학 수업을 한 사람은 칸트가 처음이
다. 주요 저서로는 《순수 이성 비판》, 《실
천 이성 비판》, 《판단력 비판》 등이 있다.

코페르니쿠스적 전환

칸트는 고대 그리스 이후로 **가장 위대한 철학자**로 불린다.

칸트의 사상은 국제적으로 큰 영향을 미쳤다. 그러나 본인은 태어난 고향 쾨니히스베르크에서 한 발짝도 밖에 나가는 일 없이 평생 독신으로 수수한 생활을 보냈다.

칸트 교수의 생활은 스스로 정한 일과를 규칙적으로 바르게 수행하는 것이 전부였다. 오전 5시에 일어나서 서재에서 연한 홍차를 두 잔 마시고 7시부터 9시까지 강의를 했다. 그 후 정오까지 집필을 하다가 오후 1시부터 매일 다른 좋은 친구를 초대하여 점심 모임을 가졌으며 저녁이 되면 홀로 산책을 했다.

칸트가 산책을 나가면 '이웃 사람들은 정확히 3시 반이 되었구나 생각했다'라고 시인 하이네가 기록했다. 그러나 점심 모임이 끝나는 시간이 4시일 때도 있고 6시일 때도 있었기 때문에 산책 시간은 실제로 일정하지 않았을지도 모른다.

칸트는 처음부터 칸트 교수였던 것은 아니다. 대학교를 졸업한 후 10년 정도 꽤 오랜 시간을 가정교사로 보냈다. 15년의 강사 시절을 거쳐 1770년이 되어서야 드디어 쾨니히스베르크 대학의 교수가 되었다. 그 후 10년의 침묵 기간을 거쳐

57세 때 명저인 《순수 이성 비판》(1781)을 출판하기에 이르렀다.

칸트가 코페르니쿠스적 전환이라 불리는 철학 사상의 이른바 브레이크 스루를 해낼 수 있었던 것은 만년인 50대 후반부터였다. 그때부터 《실천 이성 비판》(1788), 《판단력 비판》(1790)을 연달아 출판하면서 근대 철학을 혁신해 왔다.

그렇다면 칸트는 어떤 주장을 했을까?

데카르트가 주관과 객관의 이원론에서 과제를 제시했고, 이에 대해 영국 경험론은 흄에 이르러 '물질계(세계)가 마음 외부에 독립하여 존재한다는 것은 증명할 수 없다'라고 했다. '객관적인 세계는 인식할 수 없다'라는 결론에 이른 것이다.

이 흄의 사상이 칸트를 일깨웠다. 객관적인 세계는 인식할 수 없다는 명제에서 출발한 칸트는 결국 **객관적인 세계는 인식이 가능**하다는 결론에 도달했다.

타인과 공유할 수 있는 객관

지금 문제가 된 질문은 다음과 같은 것이다.

여기에 사과가 있다. 우리는 보통 여기에 사과가 있다고 인식한다. 그러나 정말 사과가 있을까 의심해 보겠다. 사실 우리의 감각으로 들어 온 사과라는 정보만 있는 것은 아닐까? 실제로 사과가 있다는 것은 무슨 수를 써도 증명할 수 없는 것이 아닐까?

칸트는 이에 대해 **사과가 있다는 것을 증명할 수 있다**고 했는데, 그 방법은 어떤 것일까?

힌트는 **타인**이다.

먼저 칸트는 인간이 사과 자체를 정확히 인식할 수는 없다고 전제를 깔았다.

인간이 인식하는 사과는 어디까지나 감각을 통해 주관으로 나타난 사과일 뿐이지 객관의 사과가 아니기 때문이다.

칸트는 객관의 사물을 본체(누메나)라고 불렀다. 이 본체를 정확히 인식한다는 것은 증명할 수 없고, 그것을 정확히 인식하기도 불가능하다고 했다.

'그러나' 하고 칸트는 말을 이었다. 객관의 사과를 정확히 인식할 수는 없다고 해도 객관성이 있는 사과는 인식할 수 있다고 했다.

무슨 뜻인가 하면, 주관으로 나타난 사과는 타인과 서로 인정할 수 있다. 내가 사과가 있다고 인식했을 때 주변에 있는 사람 역시 사과가 있다고 인식할 수 있다. **누구나 그곳에 사과가 있다고 인정한다면 객관성이 있다고 볼 수 있는 것**이다.

주관과 객관을 둘러싼 칸트의 획기적인 발상

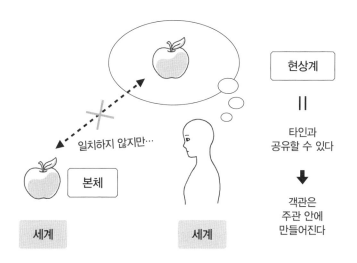

현상계

=

타인과
공유할 수 있다

↓

객관은
주관 안에
만들어진다

일치하지 않지만…

본체

세계

세계

다시 말해 객관의 사물인 본체는 정확히 말하면 인식이 불가능하지만, 그것이 주관으로 나타났을 때는 타인과 공유할 수 있기 때문에 객관성이 있는 사물로서 인식할 수 있다는 뜻이다.

칸트는 주관으로 나타난 세계를 **현상계**라고 부르고 현상계는 타인과 공유할 수 있다고 했다. 부연 설명을 하자면 객관의 사물(본체)과 주관으로 나타난 사물(현상계)은 일치한다고 볼 수는 없다. 현상계에서 얻을 수 있는 지식은 감각을 통해 얻을 수 있는 것이므로 객관의 사물(본체)이 되지 않는다.

바꿔 말하면 '인간은 능동적으로 세계에 관여하여 인식의 대상인 객관성 있는 세계를 스스로 만들어 내고 있다'라고 할 수 있다. 객관이란 주관 안에 만들어지는 것이다.

객관이란 당연히 주관의 밖에 있다는 것이 전제에 있었는데 칸트는 주관의 안에 있다고 뒤집었다. 여기에 칸트의 코페르니쿠스적 전환이 있었던 것이다.

이성의 한계란?

주관에 나타난 세계(=현상계)는 타인과 공유할 수 있다. 이 말은 인간이 세계를 인식하는 메커니즘이 다들 똑같다는 사실을 추측하게 한다.

그래서 칸트는 인간이 세계를 인식하는 메커니즘을 ① **감성**, ② **지성**, ③ **이성**이라는 세 가지 기능으로 분석했다.

① 감성은 오감인데 감각이라고 이해해도 좋다. '아프다', '가렵다', '뜨겁다', '춥다' 등 공간과 시간이라는 틀 안에서 온갖 정보를 받아들인다.

② 지성은 감성이 얻은 정보를 정리하여 일반화하는 것이다. 예컨대 '빨갛다', '작다', '동그랗다' 등의 정보를 바탕으로 사과라고 판단하는 능력이다.

③ 이성은 지성보다 한 단계 더 높은 능력이다. 지성으로 파악한 것들을 통합하여 체계적으로 생각하는 고도의 능력이다. 예컨대 '이 세상에는 왜 사과가 존재하는가'에 대해 고찰하는 능력이다.

이 세 가지 능력 중에서 ① 감성과 ② 지성은 동물에게도 있다고 추측되시만 ③ 이성은 인간만이 가진 특유의 능력이라고 할 수 있다.

① 감성과 ② 지성을 바탕으로 객관적인 세계의 본체에

접근하는 능력은 이성의 힘이다. 그러나 이 이성의 힘에도 한계가 있다고 칸트는 주장했다.

'객관의 사물(본체)과 주관으로 나타나는 사물(현상계)은 반드시 일치한다고 할 수 없다'라는 내용은 앞서 설명했다. 인간이 인식을 하는 메커니즘에서는 본체를 정확히 인식할 수 없고, 이성의 힘을 썼을 때 겨우 될까 말까 한다는 뜻이다.

이는 이성을 비판하는 것이 아니다. 《순수 이성 비판》이라는 저서 때문에 칸트가 이성을 비판하거나 부정한다고 오해하는 사람도 있을 텐데, 그게 아니라 **이성의 한계를 정했을 뿐이었다.**

착한 행실이란?

칸트는 인간의 도덕에 대해서도 이야기했다. 간단히 소개하면 다음과 같다.

그는 인간에게는 자발적으로 활동하는 자유가 있다고 생각했다. 그 자유란 도덕적 행위에 한정된다고 생각했다.

칸트는 '자유란 자기중심적인 행동을 억제하고 타인을 위해 베푸는 도덕적인 착한 행실을 했을 때 실현된다'라고 했다.

칸트의 순수 이성 비판이란?

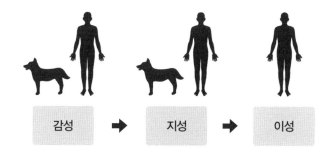

| 감성 | ➡ | 지성 | ➡ | 이성 |

감성과 지성은 동물에게도 있지만
이성은 인간에게만 있다
그러나 그 이성에도 한계가 있다

||

순수 이성 비판으로 이성의 한계를 정했다

착한 행실에 대해서는 사람마다 각기 의견이 다르다. 타인을 때리는 행위는 나쁘지만, 그것이 친구를 괴롭히는 사람을 때렸을 경우에는 착한 행위라고 생각하는 사람도 있을 것이다.

착한 행실은 입장에 따라 변한다. 만약 같은 입장에 섰다면 누구나 똑같이 행동하리라 추측될 만한 행위를 해야 한다고 칸트는 주장했다. 그때서야 비로소 자유가 발휘된다는 것이다.

'항상 보편적인 법칙이 됨 직한 원리를 따라서만 행동하라.'

이것이 칸트의 유명한 논리의 기본 법칙이다.

인간도 사회도
변증법적으로 이상을 향한다

헤겔

1770년~1831년. 독일 슈투트가르트 출신.
중산층 가정에서 자라 경제적으로 안정되
지는 않았지만, 각지의 대학 교수를 거쳐
베를린대학 교장이 되었다. 주요 저서로는
《정신 현상학》, 《법철학》 등이 있다.

나와 사회의 접합

헤겔은 고대 그리스 철학에서 말하자면 아리스토텔레스와 비슷한 역할을 맡았다고 할 수 있다.

아리스토텔레스는 스승인 플라톤의 사상을 계승하여 고대 그리스 철학을 총괄했지만, 헤겔은 칸트의 독일 관념론을 계승하여 그것을 발전시키는 한편 **근대 철학을 총괄했다.**

또한 칸트와 플라톤은 이상주의였던 것과 대조적으로, 헤겔과 아리스토텔레스는 현실주의였다.

헤겔의 현실주의를 아주 간단히 설명하자면 나(주관)와 사회(객관)를 접합한 것이다.

그때까지 근대철학은 데카르트가 '나는 생각한다'라고 주장한 이후 나(주관)를 축으로 발전되어 왔다. 그러나 주관의 문제는 현실 사회를 살면서 어떤 도움도 되지 않았다.

그래서 헤겔은 나(주관)를 근대사회의 모습과 교묘하게 접합하여 생각했고 사회사상(역사 사상)의 기초를 다졌다.

이 헤겔의 사상은 후에 마르크스의 사상과 합쳐져 **헤겔 마르크스 사상**으로서 철학사상에 하나의 축을 형성했다.

인식의 과정

칸트의 인식론을 다시 정리해 보면, 객관의 본체를 정확히 인식할 수는 없지만 주관에 나타나는 세계(현상계)로서 객관적으로 인식할 수 있다는 내용이었다.

이러한 칸트의 생각에는 주관의 외부에 본체가 존재한다는 것이 전제라는 결점이 있었다. 본체가 존재한다는 전제하에 주관(현상계)과 객관(본체)으로 나누어 이원론으로서 풀어낸 것이다.

칸트는 객관이란 정확히 인식할 수 없다고 생각했으므로 이 논리로 따지면 전제인 객관(본체)이 존재하는지도 그 여부를 알 수 없어야 한다. 그러나 여전히 객관을 둘러싼 과제가 남아 있었다.

이렇게 칸트가 남긴 과제에 헤겔은 저서 《정신현상학》에서 다음과 같이 명쾌한 답을 내놨다.

주관의 외부에 있는 객관을 생각할 필요는 없고, 객관의 세계를 전제로 할 필요도 없다. 왜냐하면 온갖 사물들은 주관이라는 의식 위에서만 경험되는 것이기 때문이다.

주관과 객관이라는 경계선 자체도 주관이라는 의식 안에서 세워질 뿐이다. 따라서 '의식 위에 나타나는 것만을 문제 삼으면 된다', '주관과 객관의 이원론은 아무 의미도 없다'라고 주장했다.

생각해 보면 수긍이 간다.

그리고 여기부터 헤겔은 주관이라는 의식 위에서 어떤 식으로 사물이 인식되는지 변증법 형태를 취한 세 가지 스텝으로 인식의 과정을 나타냈다.

여기서 **인간의 의식에는 A(테제)와 B(안티테제)라는 이항대립의 원리가 작용한다**는 부분이 핵심이다.

예컨대 휴대폰에 대해 인간은 어떻게 인식할까?

① 처음 휴대폰을 가진 사람은 그것을 A(전화)로서 인식한다.

② 그러나 B(메일 기능)도 있다는 사실을 알면 처음 가졌던 A에 대한 인식이 흔들린다.

③ A(전화)와 B(메일)를 통합하여 새로 C(휴대폰)라는 인식을 만든다.

이처럼 **A와 B라는 2개의 대립에서 그 둘이 통합된 C(진테제)를 인식하기에 이른다.** 이것이 변증법이다.

C(진테제)는 또 새로운 대립을 갖고 C(테제)와 D(안티테제)→E(진

테제)라는 운동을 만들어 낸다. 헤겔은 **모든 것은 이러한 변화들이 이루어진 결과로 나타난다**고 생각했다.

앞서 (객관도 포함하여)온갖 사물은 주관이라는 의식 위에서만 경험된 것이라고 했는데, 이러한 변증법의 운동으로 인식된 사실이 객관을 만들어 낸다고 해석할 수 있을 것이다.

당연하지만 이때 각 인간의 의식에서 만들어진 객관은 사람마다 조금씩 다르다. 보편성은 없다. 휴대폰을 전화로서 인식하는가, 메일이나 인터넷으로 인식하는가는 사람에 따라 다르다는 뜻이다.

사람에 따라 인식이 다르다는 것은 인식에도 개개인의 개성과 같은 것이 영향을 준다고 추측할 수 있다.

헤겔은 이를 두고 자기의식이 인식의 과정에 반영된다고 설명했다.

휴대폰을 보는 자신은 휴대폰을 보는 자신의 모습도 의식하는 것이다.

무슨 말인가 하면, 사물을 인식할 때 이것은 나에게 어떤 존재인가를 의식한다는 뜻이다. 다시 말해 자신과 어떤 관계가 있는지 따지지 않고 사물을 인식하는 일은 없다는 말이다.

이상을 향하는 발전계

변증법으로 인간의 인식은 점점 깊어진다. 그렇다면 이 인간의 인식은 어디를 향하고 있을까? 헤겔은 **이상을 향해 간다**고 말했다.

헤겔은 먼저 한 인간의 성장 과정에 비유해서 인간은 의식→자기의식→이성 순서로 이상을 향한다고 설명했다.

인간은 처음에 한 가지 사물을 의식하고 그것에 대해 깊게 알아가면서 자신은 누구이며 사회와 어떤 관계에 있는지 확인하면서 자기의식을 만들어 간다. 처음으로 자기의식을 할 때는 자신이 중심이다.

그러나 어른이 되면서 자신의 존재를 타인이나 사회가 받치고 있다는 사실을 깨닫는다. 또한 이성에 눈을 떠 자신을 사회적 존재로 자각한 후에는 사회 안에서 조화와 질서를 가진 존재로서 행동하게 된다. 이때 노동과 교양을 통해 사회적 존재로서 자각해낼 수 있다고 했다.

다음으로 헤겔은 인간의 인식 과정을 역사로 대치했다.

역사가 시작하면서 자신을 강하게 의식하고 타인의 의견을 무시하기 때문에 다툼이 끊이질 않는다. 결국 강한 자가 주인이 되며 약한 자는 노예가 된다. 이때 주인은 노예의 노

헤겔이 제창한 변증법에서 인간이 하는 인식의 과정

인간의 의식에는 테제와 안티테제라는
이항대립의 원리가 활동하고 있다

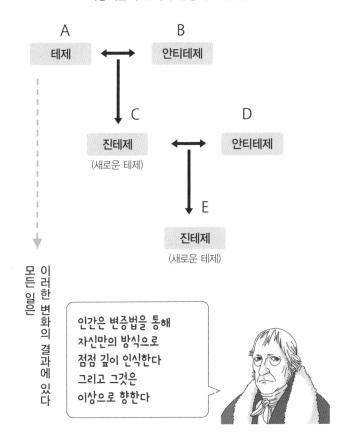

A
테제

B
안티테제

C
진테제
(새로운 테제)

D
안티테제

E
진테제
(새로운 테제)

모든 일은 이러한 변화의 결과에 있다

인간은 변증법을 통해
자신만의 방식으로
점점 깊이 인식한다
그리고 그것은
이상으로 향한다

동 덕분에 자신이 존재한다는 것을 알고, 또한 노예는 노동을 통해 욕망을 억제하는 것을 배우며 각자 자기의식을 형성해 간다.

고대에서 미숙한 단계에 있었던 자기의식도 중세에 들어서면서 보편 의식에 도달했다. 자기중심적인 의식에서 모든 사람들에게 보편적인 자기의식을 얻는 것이다.

근대에는 성숙한 자기의식이란 곧 이성이 된다. 그 이성이 처음에는 자연 속에서 자기를 찾아내려고 하는데, 이윽고 자신뿐만이 아니라 모든 사람이 이해하고 모든 사람을 위하는 사회를 실현하려고 한다.

그리고 서로 욕망만 내세우지 않고 국가가 조정해 주는 것이 헤겔의 이상적인 사회상으로 정착되었다.

국가는 자유로운 분쟁을 조정할 뿐만 아니라 인륜으로 서로의 가치를 인정할 가능성도 갖고 있다고 했다. 인륜이란 사람과 사람 사이에 있는 공동 도덕이나 질서를 말한다. 서로의 자기실현을 추구하는데 도움을 주는 법칙이다. 그러한 법칙을 실현하기 위해 시민혁명을 일으켜 싸워 왔다.

헤겔의 사상은 역사의 모순을 극복함으로써 발전을 이뤘다는 직선적인 발전 사관이 하나의 특징인데, 이 부분은 비판을 받고 있다.

그러나 개인의 자유와 사회의 법칙이 조화로운 모습을 모색했다는 점에서는 획기적이었다. 거기에는 **나(주관)와 사회가 이어진다는** 중요한 생각이 있었다.

이처럼 헤겔이 개인과 사회의 관계를 생각하기에 이른 배경에는 나폴레옹이 독일을 침공하면서 위기에 빠진 현실 사회에서 분열된 독일이 어떻게든 한데 뭉치기를 바라는 마음이 있었다고 추측된다.

사회의 모순은
노동자의 혁명으로 해소된다

마르크스

1818년~1883년. 독일 트리어 출신. 유대인
가정에서 자랐지만 여섯 살 때 기독교 루
터교로 개종했다. 혁명 운동에 참여했다고
하여 독일 등지에서 추방되었다. 엥겔스와
함께 《공산당 선언》을 출판했다. 주요 저
서로는 《자본론》이 있다.

과학적 사회주의

마르크스의 사상은 역사, 정치, 경제가 얽히고설킨 것으로 엄밀하게 따지면 철학으로 분류할 수 없지만 **현대 사상에 끼친 영향은 커서 무시할 수 없는 존재**다.

마르크스는 간단히 말하면 과학적으로 역사의 발전 법칙을 해명하고 싶어 했다. **역사가 어떻게 발전했는지를 과학적으로 풀어내고자** 한 것이다.

1848년, 마르크스는 절친한 **엥겔스**와 함께 **《공산당 선언》**을 출판했는데, 거기서는 자신의 사상을 과학적 사회주의라고 불렀다.

그것이 정말 과학적이었다고는 할 수 없는데도 과학적이라고 단언했다고 하여 파문을 불러일으켰다.

지구가 태양 주변을 돈다는 사실을 누구나 믿듯이 과학적이라는 말에 끌려서 대부분의 세상 사람들이 마르크스가 말한 것처럼 사회는 변화되어 간다고 철썩 같이 믿게 된 것이다.

헤겔의 이상을 부정하다

마르크스주의의 기본 사상을 간단히 요약하자면 다음과 같다. 거기에는 헤겔 철학의 변증법도 이용된다.

① 역사의 변화 과정에는 변증법적인 운동의 법칙(테제·안티테제·진테제의 3단계)이 있다. 이 법칙을 움직이는 원동력은 소외다. 이 소외 때문에 내부에 모순이 발생하고 그 상태는 최후를 맞이한다.

② ①의 변화 과정은 인간의 힘으로는 제어할 수 없으므로 내부에 있는 모순이 해결될 때까지 반복된다. 내부의 모순이 사라지면 소외도 사라지고, 이 변화 과정을 움직이는 원동력도 사라진다.

③ 변화 과정이 끝나면 인간은 자신의 힘으로 제어하고 자유와 자기실현을 달성할 수 있는 사회가 된다. 이 사회는 개인이 뿔뿔이 흩어져 활동하는 분단된 사회가 아니라 개개인의 인생과는 비교도 할 수 없을 정도로 무척 알찬 전체 속에 개인이 흡수되는 유기적인 사회다.

여기까지는 헤겔의 사상 위에 덧칠을 한 사상이라고 할

수 있는데, 마르크스는 여기부터 헤겔 사상의 약점을 보강했다.

헤겔이 생각하는 이상적인 국가란 사람들이 타인과 관계를 맺으면서 자신의 의미를 확인하고 노동과 교양을 적절히 쌓음으로써 사회 안에서 살아가기 위한 인륜(인간의 사회적인 본질)을 익히는 국가다. 또한 그 인륜이 높은 수준으로 나타나 이리저리 부딪치는 사람들의 욕망을 조정해 주어야 한다.

이는 **마르크스에게는 이상주의적으로 비추어졌다.**

현실의 상황을 보면 알 수 있다.

노동과 교양을 쌓는다고 인륜이 길러지는 것은 아니다. 열심히 일하고 열심히 공부한 사람이 윤리관을 갖고 있다고도 단정할 수 없다.

또한 국가(근대 국가)는 사람들의 욕망을 조정해 주기는커녕 오히려 사람들의 욕망을 보증해 준다. 국가는 돈을 가진 사람이 점점 더 재산을 불리는 것을 허용한다.

왜 그렇게 될까? 헤겔은 변증법적 과정을 인간 정신의 움직임으로 봤는데, 마르크스는 물질적인 것의 움직임(=돈의 움직임)으로 밝혀내려고 했다.

돈으로 환원된 노동의 비극

먼저 인간은 왜 일을 하는가에 대해 생각해 보자.

그것은 직접적으로는 먹기 위해서지만 먹는 것에 궁하지 않은 사람도 일할 때가 있다. 무엇이든 물건을 만들거나 생각하는 것을 삶의 보람으로 삼는 사람도 있다.

다시 말해 노동이란 자신의 지식이나 체력을 써서 자신을 표현하는 것이며, 그렇게 표현한 결과 그 노동을 통해 타인과 관계를 맺을 때가 있다.

예컨대 자신이 노동을 하여 얻은 채소를 타인이 만든 치즈와 교환할 때 서로 반드시 필요한 존재라는 사실을 확인할 수 있다. 이것이 헤겔이 말하는 인륜을 찾아내는 것이다. 단순한 물물교환이 아니다.

그러나 여기에 돈이 얽히면 어떻게 될까?

노동은 임금이라는 돈으로 환원된다. 그리고 채소와 치즈를 교환하는 것은 단순히 돈으로 환원된 가치를 교환하는 행위다. 거기서 노동자가 서로에게 반드시 필요한 존재라고 확인하는 관계는 사라진다. 인류가 쌓이지 않는다. 따라서 노동이란 단순히 소비되는 욕망의 양을 표현하는 것일 뿐이다.

마르크스는 이를 두고, 노동이란 돈의 원리에 따라 소외된다고 주장했다.

인간의 노동은 돈(임금)으로 환산되고 돈을 가진 자(자본가)에게 이는 돈을 늘리기 위한 수단이자 노동력 상품이다. 노동자는 돈을 가진 자에 지배당하는 것이다.

노동을 얼마나 쌓든 간에 노동자는 물론 자본가조차 자신의 인류을 깊이 쌓을 수 없다. 모든 것이 돈이라는 가치로 환원되는 자본주의사회에서는 아무리 일을 해도 타인에 대한 윤리성(인류)을 쌓을 수 없다. 원래는 인간을 풍요롭게 만들어야 할 노동이라는 존재가 풍요로움과 거리가 먼 노동을 위한 노동이 되어버리는 것이다.

이처럼 돈으로 환원된 노동의 비극을 분석한 마르크스는 나아가 노동자와 자본가의 계급 격차 문제를 파고들었다. 오늘날에도 전 세계에서 문제시되고 있는 격차를 발견한 인물이 바로 마르크스다.

마르크스는 노동자와 자본가의 구도에서 자본가는 부를 더 불릴 수 있는 한편, 노동자는 점점 착취된다고 설명했다.

그 원인으로는 경제적 기반(생산 수단의 소유와 비소유)을 들었다.

생산 수단(토지나 공장 등)을 갖고 있는가 없는가가 격차의 근본적 원인이라는 것이었다.

생산 수단을 가지는 자본가는 노동자에게 노동을 시키지만 노동에 대한 대가는 불충분하게 돌아온다. 따라서 격차는 점점 벌어진다는 설명이다.

국가는 노동자와 자본가의 사이를 조정해 주지 않는다. 그렇다면 이 격차를 어떻게 해소해야 할까? 여기부터 마르크스의 **혁명 논리**가 나온다.

근대 과학 기술은 꾸준히 발달하고 있지만 생산 수단을 소유한 자본가들에게나 이득이 되는 이야기다. 일반 대중은 생산 수단을 소유하지 않기 때문에 한층 더 소외되고 점점 더 가난해진다. 이 때문에 실업자가 대량으로 생겨난다.

두 계급은 점점 더 심하게 대립하게 된다. 나중에는 어떻게 될까?

결국에는 수가 압도적으로 더 많은 노동자 계급이 자본가 계급을 타도하고 생산 수단을 스스로 얻으려 한다. 이것이 혁명이다.

이 혁명으로 역사는 마지막을 고하게 된다. 모든 역사적 사건은 이 도달점을 향해 필연적으로 나아가고 있다고 설명했다.

마르크스의 혁명 이론

물물교환 ➡ 자본주의사회

혹사당하는 노동자 **감시하는 자본가**

서로의 존재를
인정한다

[노동=돈]으로
인간성이 소외된다

격차가 생겨나고 **혁명** 이 일어난다

이것이 일단 실현되면 이제는 변증법적인 변화 과정이 일어나지 않는다. 이는 앞서 서술한 역사의 변화 과정 그대로다.

계급 분열은 사라지고 생산 수단은 만인이 같이 소유하게 되면 만인의 이익을 위해 사용된다. 정부도 필요가 없어지고 물자들의 관리와 운영만이 필요하다. 정부의 억압도 사라지기 때문에 사람들은 자유롭게 자기실현을 이룰 수 있다.

현실 사회를 움직이다

이렇게 과학적이라는 평가를 받으면 미래를 예언했다는 극찬을 받은 마르크스주의는 특히 개발도상국의 지식인을 매료시켰다.

마르크스주의는 중앙 집권적인 경제 계획과 관리를 부르짖기도 했는데, 그 부분에 매료된 사람들도 있었다.

계획을 바탕으로 한 해결이란, 그야말로 합리적 정신을 표현한 것처럼 생각되었다.

러시아혁명(1917), 중화인민공화국의 성립(1949) 등 마르크스주의는 대규모 공산주의 운동이 되어 역사 위에 발자국을 찍어나갔다.

그러나 이미 명백하게 드러났듯이 마르크스의 이론은 그의 예측과는 달리 **세계 어느 곳을 둘러봐도 마르크스가 말한 변화 과정이 진행된 곳은 없다.**

오히려 마르크스주의를 바탕으로 정치 운동을 하여 권력을 잡으면 예외 없이 관료의 전제 정권이 생겨 마르크스의 구상과는 거리가 먼 사회가 되었다.

3

근대 사상을 뒤흔든
철학자

이 장을 읽기 전에

지금까지 해 왔던 이야기를 한 번 더 복습해 보자.

고대 그리스 철학은 '이 세계는 무엇으로 이루어져 있는가?'를 문제로 거론했다.

근대에 들어서면서 이 문제는 급속히 발전하는 자연과학에 맡겨지게 되었다. 그 대신 근대 철학이 다룬 문제의 중심은 '우리는 세계를 올바르게 인식하고 있는가'라는 인식 문제였다.

간단히 말하자면, 철학에서 다루는 문제가 객관(세계)에서 주관(나)으로 전환되었다고 할 수 있다.

근대 철학에서 먼저 결론을 낸 사람은 헤겔이었다. 그는 '객관이라는 것은 생각할 필요가 없다. 모든 것은 주관이라는 의식으로 나타난 세계일뿐이다'라고 주장했다. 그런 다음에 주관의 인식 문제를 사회나 역사와 연결지어 인식의 과정을 겪으면서 인간도 사회도 역사도 이상적인 모습에 다가간다는 생각을 나타냈다.

이 생각은 마르크스의 손으로 발전되었고, 19~20세기 사상의 메인 스트림이 되었다. 그 흐름 위에 있는 사상을 헤겔주의라고 한다면, 거기에 속하지 않는 **반 헤겔주의라 부름 직한 사상이 다양한 형태**로 생겨났다.

이 장에서는 키르케고르, 하이데거, 사르트르로 이어지는 실존주의, 니체의 힘의 철학, 후설의 현상학, 프로이트의 무의식, 메를로 퐁티의 신체론, 바타유의 에로티시즘, 미국에서 전개된 프래그머티즘, 비트겐슈타인의 언어 게임론을 다루려고 한다.

각 이론들은 철학에 다양하게 접근하여 따로따로 전개된 것처럼 보이지만 **의식과 무의식, 의식과 몸, 생과 사 라는 대립축**으로 볼 수 있어서 비슷비슷한 문제의식도 엿보인다.

또한 헤겔주의가 이상(신리)을 둔 것과는 달리 이들 대부 분의 사상은 이상(진리)을 예측하지 않았다는 점에서 거의 공통된다고 말할 수 있다.

인간은 가능성으로
살 수 있다

키르케고르

1813년~1855년. 덴마크 코펜하겐 출신으로 인생의 대부분을 같은 지역에서 보냈다. 실존주의의 창시자. 내면의 고뇌를 안고 사랑하는 여성 레기네와 파혼했다. 주요 저서로는 《죽음에 이르는 병》, 《불안의 개념》 등이 있다.

실존주의란?

반헤겔주의 중 하나가 키르케고르에서 시작된 **실존주의**다.

그가 살던 시대는 기독교 중심의 사회가 무너지고 과학의 발전으로 사회 구조가 크게 바뀌면서 지주로 삼아야 하는 공통의 가치관이 점점 빛을 잃어가고 있었다. 그러던 중, 사람들은 각각 개인적인 일로 고민하게 되었다. 예를 들어 '**나는 무엇인가**'처럼 현대에 우리가 하는 고민과도 통하는 것들이다.

이러한 문제를 다룬 것이 실존주의라고 할 수 있다.

키르케고르는 헤겔의 사상이 널리 퍼질 즈음에 저작 활동에 매진하고 있었다.

그 저작 내용은 시대를 너무나도 앞섰던 탓인지, 그 당시에는 전혀 주목 받지 못했다.

그러나 우연히 어느 목사가 그의 사상에 빠져들어 덴마크어인 그의 저작을 독일어로 번역하면서 하이데거나 사르트르 등에게 영향을 주었고, 20세기에 실존주의가 유행하게 되었다.

죽음에 이르는 병=절망

키르케고르의 사상은 의외로 간단히 이해할 수 있을지도 모른다. 그의 저서 제목인 **《죽음에 이르는 병》** 한 마디가 모든 것을 나타내기 때문이다.

인간에게는 반드시 죽음이 찾아온다. 인간은 죽음에 이르는 존재다. 어떤 인생을 보내든 간에 언젠가는 죽는다. 따라서 인간은 항상 절망하고 있다고 주장했다.

'죽음에 이르는 병이란 절망을 뜻한다.'

이렇게 서술한 키르케고르 입장에서 보면 죽음 때문에 한계가 정해지는 인간은 절망하는 존재라는 뜻이 된다.

물론 동물이나 벌레도 죽음에 이르는 존재지만 동물이나 벌레에게는 정신이 없으므로 절망하지 않는다.

인간에게는 정신이 있으므로 절망한다. 키르케고르는 이와 같이 설명했다.

그에 따르면 정신이 있는 인간은 자기 자신을 정립하려 한다고 했다. 인간은 자신이 어떤 존재인지 확립하려고 한다. 그러나 죽음을 피할 수 없는 인간은 어떤 길을 따라가더라도 중간에 좌절하고 절망한다고 했다.

절망의 2가지 패턴

키르케고르는 절망에 이르는 패턴을 크게 두 가지로 정리했다.

① 무한성과 유한성

무한성의 절망은 인류, 역사, 운명 등 무한한 것에 자신을 일치시키고자 노력하지만 자신의 존재는 점점 희박해지고 결국 좌절하여 절망한다는 것이다.

예컨대 종교나 사회 변혁, 예술 등의 이상을 좇아도 자신은 구체성이 없는 추상적인 존재임을 깨달으면서 절망한다는 것이다.

한편, 유한성의 절망은 구체적인 현실 생활 속에서 훌륭한 부모나 유능한 사회인 등 세상에서 가치가 있는 존재가 되고자 하지만 그것은 일시적으로 유한한 것이므로, 이윽고 진정한 자신을 잃은 채 절망한다는 것이다.

② 가능성과 필연성

인간은 가능성을 먹고 살아가는 존재다. 아무리 추잡한 생활을 보내는 인간이라도 장래에는 무궁무진한 가능성이 있기 때문에 현재의 생활도 결코 추잡하게 느끼지 않고 살아갈 수 있다.

그러나 그러한 가능성이 사라지면 모든 것이 필연(=변할 가능성이 없는 상태)이 되어 절망에 몰리게 된다.

아무리 돈이 많고 큰 권력을 쥐고 있으며 높은 위치에 있어도, 예를 들어 죽음을 선고받으면 장래에 대한 가능성을 빼앗기고 절망에 빠진다.

또한 운명은 처음부터 모두 정해져 있기 때문에 아무리 노력한다 해도 이 추잡한 생활에서 벗어날 수 없다고 생각하는 숙명론자들은 가능성을 찾아내지 못하고 절망에 이른다.

그와 반대로 가능성만 있으면 인간은 살아갈 수 있다.

이 사실을 파고 들면 더 중요한 사실이 보인다.

예를 들어 대학 합격을 목표로 한 학생은 가능성이 있다. 그러나 일단 대학 합격이라는 가능성을 실현하고 나면 한 순간 만족감을 얻을 수는 있지만, 그때 그는 가능성이 없는 상태에 놓이게 된다. 살아갈 목적이 없는 상태다.

그래서 이번에는 다음 가능성을 찾는다. 대기업 취직이라는 다음 가능성을 발견하여 또 살아갈 힘을 얻는 것이다.

다시 말해 **인간이 살아가기 위해서는 끊임없이 가능성이 필요한 것이지, 결코 가능성을 실현하는 데서 그치지는 않는다**는 말이다.

전지전능한 신

인간은 이런저런 가능성을 갖고 살아갈 수 있다.

그 가능성이 실현되든 실패하여 절망하든, 혹은 가능성이 사라져 절망하든 과정을 밟지만 **결국에는 죽음이라는 절대적인 불가능성과 부닥치게 되어 절망한다.** 따라서 인간은 절망하는 존재라는 결론에 이른다.

그렇다면 어떻게 해야 절망에서 벗어날 수 있을까?

키르케고르는 이 질문에 신을 이용하여 설명했다.

간단히 설명하자면, 인간은 죽음 때문에 가능성이 사라지고 절망하므로 그 죽음까지 전부 극복할 수 있을 만한 가능성을 준비하면 된다는 것이다.

여기서 신이 등장한다. **신은 전지전능하다고 믿음으로써 절망하지 않고 살아갈 수 있다.**

참고로 이 키르케고르의 신에 대한 신앙은 믿음으로써 구원받는다는 기독교 신앙과는 다르다.

키르케고르의 신앙은 절망의 늪에 빠졌을 때 믿음에서 가능성을 찾는다는 자세나. 마지막까지 남은 가능성의 형태라고 할 수 있다.

반드시 찾아오는 죽음을 어떻게 받아들여야 할까?

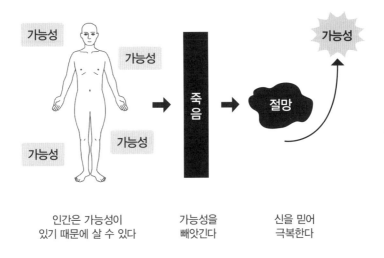

인간은 가능성이   가능성을   신을 믿어
있기 때문에 살 수 있다   빼앗긴다   극복한다

인간의 입장에서 사회와 역사를 보다

마지막으로 키르케고르의 시점에서 헤겔주의를 다시 한 번 살펴보자.

헤겔(이나 마르크스)이 사회나 역사의 관점에서 인간을 바라본 것과는 달리, 키르케고르는 **인간의 관점에서 역사나 사회를 바라봤다.**

또한 헤겔은 사회나 역사와 얽히고설키면서 인간은 윤리적인 존재가 된다고 했다.

그러나 키르케고르는 '아무리 사회나 역사와 얽힌다 하더라도 인간은 윤리적인 존재가 되지 못한다. 그것은 이상일 뿐이고, 그 이상에 자신을 일치할 수는 없으며 결국 무한성의 절망에 빠진다'라고 주장했다.

키르케고르는 개개인을 바라봤다.

개개인은 절대 교환하지 못하는 고유의 과제를 안고 있다. 아무리 사회가 이상적으로 변하고 역사 역시 이상을 향해 가더라도, 결국 개인의 과제와 관계가 없으면 개인은 사회나

헤겔과 키르케고르의 시점은 어떻게 다른가?

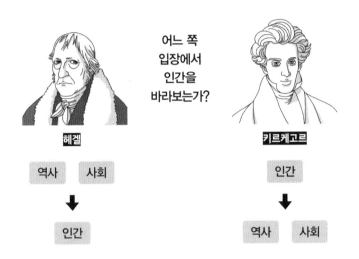

어느 쪽
입장에서
인간을
바라보는가?

헤겔

키르케고르

역사 사회

인간

⬇

⬇

인간

역사 사회

헤겔이나 마르크스는 역사나 사회 쪽에서 인간을 바라봤지만,
키르케고르는 인간 쪽에서 역사나 사회를 바라봤다

역사에 대해 생각하지 못한다. 개인은 그것이 개인의 가능성 중 하나로서 연결될 때에야 비로소 사회나 역사에 대해 생각한다.

키르케고르는 사회나 역사가 먼저 있는 상태에서 인간이 있다고 보지 않았다. 인간이 살아 있는 것을 전제로 했을 때 살아가기 위해 필요한 가능성 중 하나로서 사회나 역사가 있다고 생각했다.

약자가 되지 말라!
사는 것을 긍정하라!

니체

1984년~1900년. 독일의 실존철학의 선구자. 그는 기독교 가정에서 태어났지만 '신은 죽었다'라며 기독교 신앙을 비판했다. 20대에는 대학교수를 지냈으며 퇴직 후에는 저술에만 몰두했다. 40대에는 정신 이상이 있었으며, 56세에 사망했다. 주요 저서로는 《차라투스트라는 이렇게 말했다》가 있다.

기독교는 약자의 사상

반헤겔주의의 흐름을 만든 또 다른 철학자가 니체다.

니체는 헤겔주의나 근대 철학뿐만이 아니라 기독교 이후의 서양 사상을 전부 다시 해석했고, 통렬히 비판한 철학자다.

니체의 사상에서 핵심이 되는 말이 **약자와 강자**다. 니체가 내린 정의에 따르면 강자는 자신의 행위를 반드시 좋게 생각하며 자신의 욕망대로 적극적으로 살며 즐길 수 있다. 이와 반대로 약자는 자신의 행위를 좋게 생각하지 못하고 강자에 대한 **르상티망(원한)**을 가지고 있다.

그러면 약자는 르상티망이라는 감정을 원동력으로 삼고 강자의 가치를 깎아내리며 자신의 가치를 상대적으로 높이려고 한다. 간단히 말하자면 강자는 나쁘고 약자는 착하다는 생각이 자리를 잡게 된다.

니체는 이 원리를 기독교 사상에 대입했다.

기독교는 로마인에게 지배당한 유대인들에게서 태어났다. 로마인에 대한 르상티망을 안고 있던 유대인이 강자인 로마인은 나쁘고 약자인 유대인은 착하다는 가성을 하여 받아들이기 힘든 현실을 애써 지우려고 하면서 발상했다고 추측된다. 다시 말해 신이란 르상티망을 안고 있던 사람들이 만들었다는 뜻이다.

'신은 죽었다'라는 니체의 유명한 말이 있는데 이는 기독교적인 도덕을 비판한 말이 아니다. **신이 인간을 만든 것이 아니라 인간이 신을 만들었다는 사실을 밝히면서 그것을 단적으로 나타낸 말**이다.

이제 기독교가 주는 교양은 약자를 위한 것이 되었다.

예컨대 가난한 자야말로 행복하다는 말처럼 기독교는 약자, 빈곤한 자, 고뇌가 클수록 신에게 가까워지고 행복하다고 생각하게 되었다.

곰곰이 되짚어 보면, 이는 굴절된 생각이다. 넉넉해야 좋은 것은 당연하고 누구든 그렇게 되고 싶어 할 것이다.

그러나 기독교에서는 가난이 더 좋다고 생각했다. 약자는 약자인 채로 살아도 좋다는 것이다. 약자 입장에서 이 세상의 강자와 약자의 질서는 꿈쩍도 하지 않으리라는 것을 알기 때문에 그 질서는 그대로 둔 채 속으로는 그 가치가 역전되기를 바라는 것이다.

결국 기독교는 약자의 발상을 고정시켰다. 이 세상에서는 눈앞의 질서를 받아들여 현실적인 가능성을 빼앗고 저 세상(신의 심판 후)에서는 구원을 받을 수 있고 행복한 삶을 얻을 수 있다고 했다.

니힐리즘에 빠지기 쉬운 서양 사상

여기까지 니체가 본 기독교의 금욕주의적 이상이었다.

그렇다면 기독교에 대한 신앙이 흔들린 근대 이후에는 어떻게 되었을까? 니체는 기본적인 구조는 변하지 않았다고 말했다.

근대가 되면서 기독교 대신 이 세계의 의미를 가르쳐 주는 것은 철학이다.

거기에는 헤겔 마르크스주의처럼 '모순으로 넘치는 세상(사회)을 이상적인 상태라고는 말할 수 없지만, 모순이 없는 세계는 존재하지 않으므로 이 사회의 모순을 해소하고 이상적인 상태로 바꾸어 가야 한다'라고 나타나 있다.

그러나 니체는 **모순 없는 세계가 존재한다는 것은 새빨간 거짓말**이라고 지적했다. 모순 없는 세계는 존재하지 않는 것이다.

다시 말해 기독교에서 저 세상의 구원을 이야기했듯이 근대 철학에서는 모순 없는 세계를 두었다. 그와 동시에 존재하지 않을 이상적인 상태를 미래에 놓았다. 따라서 금욕주의적인 구조는 계속 변하지 않았다고 밀할 수 있다.

이상적인 상태를 미래에 놓고 그 가능성을 믿고 따라가는 것은 좋지만 그것이 불가능하다는 사실을 알았을 때가 가장 두려운 순간이다.

인간은 그때 깊은 나락으로 빠진다. 니체의 말을 빌리자면 **니힐리즘(허무주의)**을 불러들이게 되는 것이다. 이상으로 기독교 이래의 서양 철학은 변함없이 니힐리즘에 빠지기 쉬운 구조에 있다고 볼 수 있다.

힘에 대한 의지

그렇다면 니힐리즘을 극복하려면 어떻게 해야 할까?

니힐리즘은 원래부터 존재하지 않을 것을 추구했을 때 존재하지 않는다는 사실을 깨달으면서 결국 좌절에 이르게 된다.

그렇다면 원래 존재하지 않을 것을 더 이상 추구하지 않으면 되지 않을까?

이 세계에는 강자와 약자가 있다. 소수의 강자가 다수의 약자를 이용하여 자신의 욕망을 실현하고 있다.

근대 철학에서는 그것이 모순된 세계이기 때문에 바꿔야 한다고 생각했지만 니체는 이 생각이 잘못됐다고 말했다.

그게 아니라 **강자가 약자를 이용해서 지배하는 세계를 인정해**

야 한다고 말이다. 강자가 약자를 이용해서 지배하는 세계 이외에는 그 어떤 세계도 존재하지 않는다고 니체는 생각했다.

이 세계에 있는 것은 눈앞의 사실뿐이다. 따라서 그 사실만 인정해야 한다.

눈앞의 사실을 인정하면 이상을 추구하는 행위는 단념할수 있다. 이렇게 하면 이상을 추구하다 좌절하여 니힐리즘에 빠질 일은 없다.

그러나 모순된 현실만이 있고 이상을 좇을 수 없게 됐을때 인간은 어떻게 살아가야 할까?

바로 인간이 살아가는데 기준이 되는 새로운 가치를 만들필요가 있다.

그래서 니체가 세운 가설이 **힘에 대한 의지**를 높이는 것이었다.

힘에 대한 의지는 권력에 대한 의지와 혼동하기 쉬운데 차이점이 있다.

그때까지 서양 사상은 약자의 사상으로 고뇌, 불행, 비참등 살아가는 것에 대해 그것을 부정하는 이미지를 주었다.

이를 강자의 사상으로 바꿨다. **인생은 자신의 생각대로 자유롭게 살며 자기실현을 꾀해야 한다고 생각했고, 탐욕적으로 살아가는 것 또한 긍정**했다. 이러한 충동이 힘에 대한 의지다. 이와

니체의 초인 사상이란?

니체는
기독교나 근대 철학처럼
[이상]을 향한 사상을 부정했다

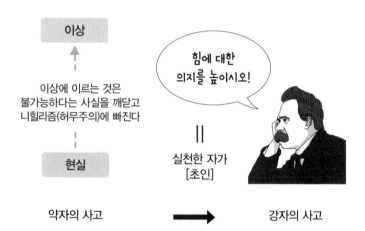

이상

이상에 이르는 것은
불가능하다는 사실을 깨닫고
니힐리즘(허무주의)에 빠진다

현실

힘에 대한
의지를 높이시오!

=

실천한 자가
[초인]

약자의 사고 → 강자의 사고

같은 자신의 능력을 최대한으로 끌어올린 인간은 일종의 초인적인 존재이기 때문에 초인이라고 불렀다.

힘에 대한 의지를 따르는 삶은 간단하지 않다. 세상에 진리나 삶에 대한 절대적인 의미가 존재하지 않더라도 현실에 있는 사실을 받아들이고, 나아가 세상에서 자신만의 가치나 의미를 찾으려는 노력이 요구되기 때문이다. 고난이 찾아와도 고스란히 받아들인 채 살아가는 것을 긍정하고자 하는 것이다.

게다가 고난은 몇 번이고 찾아온다. 이상적인 목표를 두지 않는다는 것은 끝이 없다는 것이다. 즉, 의미도 목적도 없이 비슷비슷한 일이 몇 번이나 반복되는 상태에 빠진다. 이러한 **영겁회귀**라 불리는 상태를 계속 살아야만 한다.

파시즘 철학이 아니다

다시 한번 정리하자면, 니체가 세운 가장 큰 공적은 한 가지 문제 제의에 있었다.

기독교가 말하는 저 세상의 구원은 없고, 근대 철학이 말하는 이상적인 사회라는 것도 없으니 약자의 시점에서 나온 이러한 전제를 떨쳐버려야 한다. 그러니 기존에 있던 가치관 대신에 새로운 가치관을 만들어야 하지 않을까?

니체는 이 물음에 대해 현실을 곧이곧대로 받아들여 자신의 삶을 긍정하라는 답을 내놓았다.

여기서 나타난 초인이나 힘에 대한 의지라는 말은 큰 영향을 미쳤지만, 안타깝게도 파시즘의 창시자인 무솔리니나 나치스의 히틀러에게 자극을 주는 바람에 정치 선전에 활발히 쓰여 악용되었다. 그리고 사람들은 니체를 파시즘 철학의 대변자라는 시선으로 바라보게 되었다.

그러나 실제로 니체는 애국주의자도 아니요, 반유대주의자도 아니었다.

실제 니체의 사상은 신앙심이 사라진 현대인에게 한 가지 지침을 제시했다고 할 수 있다.

먼저 삶을 긍정한다. 그리고 모순이 판을 치는 현실일지라도 억지로 미화하여 눈을 돌리기보다는 당당히 맞선다.

니체의 철학은 약자를 위로해 주지는 않지만 그렇기 때문에 더 긍정적으로 살아가기 위한 극약이 되는 것일지도 모르겠다.

진리도 객관도
없다고 한 현상론

후설

1859년~1938년. 오스트리아 제국 프로스
니츠(현 체코령)(프로스니츠는 독일어이
고 현재는 프로스테요프라고 함.-역자) 출
신. 수학, 논리학부터 시작하여 현상학을
수립했다. 유대인을 위해 나치스의 박해를
받고 대학교를 떠나 만년에는 집필 활동에
전념했다. 주요 저서로는 《이덴》이 있다.

객관은 존재하지 않는다

반헤겔주의 철학으로 키르케고르의 실존과 니체의 힘의 철학을 살펴보았다. 이 두 사람과는 또 다른 방향으로 헤겔주의와 대립하는 사상을 수립한 사람이 후설이다.

그는 **현상학**이라는 새로운 사고법을 수립한 인물로 유명하다.

후설의 현상학은 근대 철학의 인식 문제를 테마로 했다.

다시 복습을 하자면, 근대 철학의 인식 문제란 '의식으로 나타나는 세계(주관)와 의식 밖에 있는 실제 세계(객관)는 일치하는가?'라는 것이었다.

이에 대해 데카르트는 신이 존재하므로 일치한다고 했고, 칸트는 일치하지 않는다고 했다.

그러나 후설은 '애초에 한 쪽에 주관이 있고 다른 한 쪽에 객관이 있다는 전제부터 틀렸다'며 문제 설정에 의문을 품었다.

그런 다음 '왜 주관이나 객관이라는 전제가 나왔는가?', '의식의 외부에 객관이 될 만한 것이 있는가?'라고 물었다.

예컨대 여기에 사과가 있다. 근대 철학에서는 객관으로 사과가 존재한다. 일단 이 전제는 남겨 두겠다.

의식 위에 사과가 나타난다. 그러면 보통은 여기에 사과가 있다고 확신하지만 이 확신은 어디에서 온 것일까?

다른 사람이 이 사과를 깎아서 먹자고 제안했다. 다른 사람도 여기에 사과가 있다는 사실을 인식했다는 뜻이다. 이 사실로 미루어보아 여기에 사과가 있다는 확신이 생겼다고 추측할 수 있다.

다시 말해 몇 명 사이에서(=주관과 주관 사이에서) 사과가 있다는 사실이 일치하면 어느 개인(주관)에게 여기에 사과가 있다는 확신이 생긴다.

이 확신이 사과가 있다는 객관을 만들어 내는 것이다.

후설은 객관이 될 만한 것은 없다고 주장했다. 그러면서 **주관과 주관 사이에서 공통하는 부분이 객관이라고 착각하고 있을 뿐**이라고 덧붙였다.

이처럼 주관적으로 인식된 것만을 문제로 삼고(인식되지 않은 것은 옆으로 제쳐 두겠다) 모든 것을 주관적인 현상으로서 다룬다고 하여 이 사고법을 현상학이라고 부른다.

주관과 주관 사이에서 공통하는 부분은 우리가 일반적으로 객관이라고 부르는 것이다.

주관은 개인에 따라 다르기 때문에 어떤 두 사람 사이에서 성립한 객관도 다른 사람이 와서 다르다고 부정하면 그 객관은 흔들릴 수도 있다.

이처럼 객관이란 최종적으로 불변하는 존재가 아니다. 언제든 부정될 가능성을 품고 있는 것이다.

사물의 본질은 두루뭉술하다

여기까지 본 사과의 예처럼 사물의 존재를 둘러싼 문제에서는 그 확신이 흔들리거나 타인과 대립할 일은 없을 것이다.

그러나 '정의란 무엇인가?', '사회란 무엇인가?'처럼 사물의 본질을 묻는 문제로 발전하면 확신은 흐릿해진다.

내가 정의란 반드시 옳은 것이라고 확신하고 친구도 같은 의견을 가졌다면 그 확신은 강해진다. 그러나 다른 친구 그룹을 만났더니 그들은 입을 모아 반드시 옳은 것은 없고 정의의 기준은 사람에 따라 다르다고 주장한다면 나의 확신은 흔들린다.

우리는 사물의 본질을 둘러싸고 각자 자신만의 의견을 가지지만 그것은 무척 불확실하기 때문에 타인과 서로 확인한다는 과정이 없으면 강한 확신으로 발전하지 못한다.

왜 사물의 본질을 둘러싼 확신은 항상 불확실한가 하면 그것은 말에 따라서만 표현되지 않는다는 사정 때문이라고 추측할 수 있다.

이 사실을 설명하기 위해 후설은 **본질 직관(본질 간취)**이라는 개념을 제시했으니 살펴보기로 하자.

본질 직관이란 사과가 있다고 인식할 때 우리는 사과의 존재를 인식하면서 **사과의 본질적인 성질이나 의미(둥글다, 빨갛다, 새콤하다 등)까지 인식한다**는 뜻이다.

이 본질 직관이란 사과 등 실존하는 것뿐만이 아니라 정의나 사회, 자유, 용기 등 실체가 없는 개념에 대해서도 똑같이 작용한다. 인간은 개념에 대해서도 그 본질적인 성질이나 의미를 확인한다.

정의란 반드시 옳은 것. 이렇게 이미 개인의 머릿속에는 정의라는 것에 대해 **확신의 이미지(=초월)**가 있다.

이 확신의 이미지는 앞서 봤듯이 자신의 확신과 타인에게서 오는 확신이 만들어 내는 과정에서 이루어진다. '왜 사물의 본질을 둘러싼 확신은 항상 뚜렷하지 않을까?'라는 문제로 다시 돌아가자면 정의나 사회, 자유, 용기 등의 개념은 말로서 존재하기 때문이다.

말의 의미는 그 밀 자체에서 오는 이미지로 성립된다.

즉, 정의란 반드시 옳다고 말하는 사람과 정의는 가치관의 표현이라고 말하는 사람은 정의라는 말에서 받아들이는 이

주관만 있을 뿐이고
객관은 없다

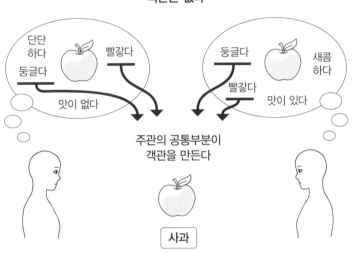

주관의 공통부분이
객관을 만든다

사과

미지(색, 온도, 무게, 범위 등)가 다르다. 따라서 사물의 본질을 둘러싼 확신은 항상 두루뭉술한 것이다.

그렇다면 사람들은 정의라는 말을 전혀 다른 의미로서 확신할까? 그렇지 않다. 어떤 부분은 누구나 공통으로 인정한다. 그렇지 않으면 정의라는 말이 기능을 하지 않는다. 어떤 부분은 같이 확신을 하면서 각자 다른 뉘앙스의 차이를 갖고 있다는 뜻이다.

말에 공통부분과 불확실한 부분이 있는 이유는 말이 처음부터 정해진 의미를 가졌던 것이 아니라 주관과 주관 사이에 있는 확신의 구조를 통해 기억하면서 쓴다는 사정이 있기 때문이다.

진리는 존재하지 않는다

철학은 진리를 추구하는 학문이다. 초월적인 진리는 어딘가에 존재한다는 것이 전제다.

그러나 후설의 현상학에서는 진리가 존재하지 않는다고 했다. **진리는 사람이라면 누구나 갖고 있는 것으로 그것들이 완전히 일치하는 일은 없다**고 생각했다.

그렇다면 왜 인간은 존재하지도 않는 진리를 추구할까?

진리는 객관적으로 존재하는 것이 아니라 주관과 주관 사이에서만 성립한다.

이때 주관으로 생기는 확신에는 타인의 확신이 영향을 주지만, 결국에는 주관 위에서만 성립한다는 부분에 주의해야 한다. 사과가 있다는 확신은 결국 자신이 내리는 것이다.

다시 말해 어떠한 진리도 개인의 주관 위에서만 한정된 확신으로서 나타난다.

그렇다면 이 진리는 아무 근거도 없을까? 그렇지 않다. 사과가 있다고 했을 때 이 확신은 타인도 사과가 있다고 확신한다는 생각에서 온다.

다시 말해 그 타인과 살아가는 한 그 확신을 의심할 이유는 없다. 사과가 있다는 것은 진리가 된다.

그러나 사과가 없다고 말하는 사람들이 새로 등장하고 그 사람들과 살아가야 한다면 사과가 있다는 확신이 흔들린다.

즉, '이 세계는 어떻게 이루어져 있는가'와 같은 진리를 둘러싼 문제는 인간이 타인과 관계를 맺으며 살아가야 한다는 사정 때문에 생긴 문제이고, 그 관계성을 표현하는 것이라고 할 수 있다. 그러나 어느 한정된 인간들 사이에서만 생기는

관계성을 말하는 것이기 때문에 초월적인 진리에 다다를 일
은 없다.

이렇게 후설의 현상학은 전통적인 철학에서 진리의 개념
을 확 바꾸는 전개를 보였다.

인간의 마음은
무의식에 제어되고 있다

프로이트

1856년~1939년. 체코 공화국의 프리보르
시(당시 오스트리아 헝가리 이중 제국의
모라비아 지방) 출신. 아버지는 유대인으
로 모직물 상인. 정신분석학을 창시했다.
만년에는 나치스가 유대인을 박해하여 런
던으로 망명했다. 주요 저서로는 《정신분
석 입문》이 있다.

의식의 후설과 무의식의 프로이트

후설이 의식을 대상으로 인간의 인식 구조를 밝혀내는데 힘을 쏟던 때, 오스트리아의 한 개업 의사는 무의식이라는 인간의 어둠을 헤치고 들어가 완전히 새로운 시점으로 정신을 설명하고자 했다. 그 의사가 프로이트다.

후설의 의식은 프로이트의 무의식과 대비할 수 있는데 사실 이 두 사람에게는 많은 공통점이 있다. 두 사람은 모두 1850년대 후반에 태어나 1930년대 후반에 사망했다. 모두 현재 체코 공화국의 프리보르 출신이며 유대인으로 나치스의 박해를 받았다는 공통점도 있다. 후설은 대학에서 추방당했고, 프로이트는 베를린 광장에서 분서(나치스에서 유대인들의 책을 불태운 것) 현장과 맞닥뜨려 6명의 아이 중 4명이 나치스에게 학살당했다.

무의식에 불안이나 욕망이 억압되어 있다

프로이트는 **정신 분석**이라는 신조어를 만들었는데 이 정신 분석은 최면술을 계기로 확립되었다.

당시에 유명했던 프랑스의 신경병학자 샤르코는 어떤 불안이 원인으로 일어나는 히스테리(신경증)를 치료하기 위해 최면요법을 썼다.

최면요법은 환자를 최면 상태에 빠지게 해서 암시를 걸어 신체 증상을 제거하는 방법이다.

그러나 이는 결과적으로 생긴 신체 증상을 없앨 뿐 근본적인 불안이 해소되는 것은 아니었다. 암시가 풀리고 또 불안감이 엄습하면 증상은 악화되었다.

샤르코의 최면요법을 힌트로 삼은 프로이트는 근본 원인이 되는 불안을 없애면 된다고 생각했다. 그래서 환자의 심리적인 과거 전력을 분석하는 방법을 썼다.

프로이트는 신경 장애에 시달리던 자신을 실험대로 올려 자신의 심리적 전력을 분석했다. 그러자 놀랍게도 병을 극복하는 것에 성공했다.

이 실험에서는 **의식 아래에 무의식이라는 영역이 있다**는 사실을 밝혀낼 수 있었다.

무의식에는 불안의 원인이 되는 트라우마의 기억이나 온갖 욕망이 억압되어 갇혀 있다. 그리고 이들 불안이나 욕망이 도저히 통제 불능 상태가 되어 튀어나왔을 때 신경증 증상이 나타난다.

이 문제는 의식에서 멀리 떨어뜨려 억압하려던 무의식의 불안이나 욕망을 자각했더니 해결되었다. 자각을 하면 증상은 사라지는 것이다.

여기에서 프로이트는 카우치 요법을 확립했다.

환자를 카우치(소파 침대)에 눕히고 분석의가 환자 뒤에 앉아 떠오르는 생각을 무엇이든 이야기하게 하는 것이다(=자유연상). 처음에는 망설이던 환자도 몇 개월, 몇 년 동안 지속하면 점점 속 이야기를 털어놓게 되고 신경증은 사라진다.

그러나 그 중에는 핵심을 말하지 않고 빙글빙글 돌려 말하는 환자도 있다. 왜냐하면 치료를 하여 신경증이 다 나았을 때는 원래 있던 불편한 현실로 돌아가야 하기 때문이다. 그것을 피하기 위해 환자는 자신도 모르는 새에 무의식의 불안이나 욕망의 핵심이 보이지 않도록 숨긴다고 프로이트는 생각했다.

이른바 무의식의 저항이다. 반대로 말하면 신경증 증상은 억압된 불안이나 방위 반응이 나온 것이라고도 할 수 있는 것이다.

성적 욕망을 알 수 있는 해몽

프로이트는 여러 환자를 진찰하면서 **무의식의 불안이나 욕망이란 꿈에 나타날 때가 있다**는 사실을 깨달았다. 그 욕망에는 **성적인 것이 많다.**

꿈에 성적인 것이 직접적으로 나타나는 것은 아니다. 다른 형태로 대신 나타난다고 했다.

뱀은 페니스, 구멍은 질이라는 식으로 높은 곳에서 날아가는 것도 성적 행위의 상징이라고 생각했다.

이것이 **해몽**이다. 무엇이든 추잡한 뜻을 찾는다고 해서 비판도 받았지만 무의식에 억압된 성적 욕망에 주목한 것은 획기적이었다.

당시 서구 사회는 성을 엄격한 시선으로 보는 사람들이 있어서 성적인 것들은 멸시될 정도였다. 성을 나쁘게 보는 일종의 도덕규범이 있었다.

사람들은 성을 천박하다며 부끄러워했다. 도덕규범을 앞세워 성적인 욕망은 억압되었고 무의식중에 점점 내몰리게 되었다.

이것은 꿈속에서 다른 이미지로 나타나기도 하고, 악화되면 정신의 병으로 나타나기도 한다. 혹은 그 사람의 성적 취

뱀
||
남성 성기

● 구멍
||
여성 성기

무의식의 불안이나 욕망은 꿈으로 나타난다고
획기적인 발표를 한 프로이트였지만…

프로이트 선생은 걸핏하면 다
외설적으로 받아들이니, 원...

비판을 받기도 했다

제자인 융

향이 되어 나타날 때도 있다.

예컨대 아이 때 겪은 편중된 성 표현이 강렬하게 인상에 남으면 그것은 무의식에 갇혀 있다가 나중에 성적 취향으로 나타난다는 것이다.

인간의 마음은 성적 욕망과 도덕규범 사이에서 갈등한다. 이러한 갈등에서 발전시킨 유명한 이론 하나가 오이디푸스 콤플렉스(그리스의 비극으로 아버지를 살해하고 어머니와 결혼한 오이디푸스 왕에서 유래한 명칭)다.

프로이트에 따르면 성적 욕망이란 생후 몇 개월 만에 싹을 틔우고 유소년기에 이미 나타난다고 했다. 그런 욕망은 아들이 어머니를 뜨겁게 사랑하고 아버지에 대한 질투심을 가진다는 현상으로도 나타난다고 한다. 아들은 무의식중에 아버지를 없애고 어머니와 관계를 갖고 싶다는 생각에 사로잡힌다는 것이다

아들에게는 어머니에 대한 성적 욕망이 있는 한편, 아버지에 대한 두려움도 있기 때문에 아버지의 명령을 따르면서 자신의 마음속에 도덕규범을 만들어 낸다. 이 두 가지가 내적 갈등을 일으킨다.

초자아와 무의식의 욕망의 균형

프로이트는 부모나 사회와의 관계에서 내면화된 도덕규범을 초자아라고 불렀다. 이른바 이상적인 자아를 말한다.

이상적인 자아인 초자아는 사회적 자아의 욕망이기도 하다. 이는 '타인에게 인정받고 싶다', '신뢰를 받고 싶다', '자긍심을 잃고 싶지 않다' 등 자존심과 관련된 욕망이다.

이 초자아가 성적 욕망을 규제하는 관계에 있다.

만약 이 균형이 무너져서 초자아가 강해지면 욕망이 무의식에 억눌려 신경증에 걸린다. 초자아와 욕망의 갈등이 점점 깊어지면 불안과 긴장이 점점 커진다. 초자아가 기능을 하지 못하면 욕망이 그대로 분출되어 무책임하고 충동적인 성향을 드러내게 된다.

팽팽하게 맞선 초자아와 욕망 위에 만들어지는 것이 자아다. 그것은 근대 철학에서 이성이나 의식으로서 인식해 온 것이다.

이렇게 보면 자아란 안정적인 것이 아니라 항상 균형 위에서 아슬아슬 줄타기를 한다는 사실을 알 수 있다.

인간은 이성적으로 행동하는 것처럼 보이지만 사실 그 배경에는 무의식에 억압된 불안이나 욕망이 소용돌이 치고 있다. 인간의 행동은 무의식이 규정한다고 할 수 있다. 이와 같은 사고법은

인간을 제어하는 무의식

초자아 ═ 이상의 자아 / 도덕규범

자아(의식)

↕ 둘의 균형 위에
자아가 있다

무의식 ═ 성적 욕망 / 불안

인간은 이성적으로
움직이는 것처럼 보이지만
사실 무의식에 억압된 불안이나
욕망에 조종되고 있다

아주 큰 발견이었다.

그러나 결코 이성이나 의식을 경시해왔던 것은 아니다. 이성으로 무의식의 불안이나 욕망이 파악됨으로써 안정된 자아를 가질 수 있기 때문에, 역시 인간에게 이성은 중요하다.

스위스의 정신과의 융(1875~1961)은 프로이트의 무의식의 사고를 사회적 공동체에 적용하고 인류에 보편적인 무의식이 존재한다고 주장했다.

신화나 전래동화, 전설, 문화적인 이미지나 상징에 전 세계적으로 공통된 내용이 많은 이유는 집합적 무의식이 있기 때문이라고 분석했다.

배려로
실존이 드러나다

하이데거

1889년~1976년. 독일 메스키르히 출신. 프
라이부르크대학 총장을 역임했지만 나치
스 정권에 가담했다고 하여 전쟁이 끝난
후 프랑스 군정 당국에서 무기한 교직 금
지령을 받았다. 주요 저서로는《존재와 시
간》,《형이상학 입문》등이 있다.

인간의 존재는 사물의 존재와 다르다

인간은 죽음으로 한계가 정해지는 존재다.

어떤 꿈이 있든 사회가 어떻든 결국에는 죽음을 맞이한다. 어차피 마지막에는 죽을 운명이니 꿈을 좇는 것도 사회를 바꾸려 하는 것도 의미 없는 일로 여겨진다. 그래도 인간은 살아간다.

왜 인간은 살고 있을까? 왜 나는 존재할까?

한 인간이 살아가는 의미를 문제로 삼는 것이 키르케고르의 실존이었다. 20세기 철학자 하이데거는 이 실존을 파헤침으로써 완전히 새로운 사상의 지평을 개척한 인물이다.

하이데거의 커리어는 후설의 현상학을 연구하는 것부터 시작되었는데 그 중에서도 인간의 마음이 어떤 작용을 하는지에 주목했다.

인간에게 사물이란 대상으로서 존재한다. 사물은 인간이 보거나 만지거나 사용하는 대상이다.

그러나 마음은 대상을 인식하는 것으로서 존재한다.

마음도 대상으로서 존재하지만 대상을 인식한다는 독자적인 성질이 있다. 마음을 가진 인간을 사물에 비교했을 때 그 둘의 존재는 성질이 다르다.

사물은 단순히 존재하는 것이다(존재 범주). 이를 놓고 인간은 사물을 어느 관점에서 인식하여 그것을 규정하면서 살아가는 것으로서 존재한다(실존 범주).

이처럼 인간의 존재가 사물의 존재와 근본적으로 다르다는 것을 밝힌 상태에서 인간 존재의 의미(=나는 왜 사는가?)에 대해 생각해 보자.

세계 안의 존재

근대 철학에서는 사물의 세계란 이미 질서를 갖고 존재하고 있으며, 그 중에 인간이 존재하고 세계를 인식한다는 생각이 기본에 깔려 있었다.

그러나 하이데거는 이 관계를 뒤집었다. 즉, **인간의 존재가 처음에 있고, 인간이 인식하는 결과로서 사물의 세계가 나타난다**고 생각한 것이다.

이는 세계의 질서가 먼저 존재하고 그 안에 인간이 존재한다고 했던 관점(내세계적 존재)에서 세계는 인간의 의식 속에 차츰 모습을 드러내고, 이윽고 확고한 객관 질서가 만들어진다는 관점(세계 내 존재)으로 시점을 크게 바꿨다는 것을 의미한다.

세계란 인간 입장에서 보면 점점 열리는 **개시성**인데 하이데거는 이 개시성이라는 관점에서 인간(=현존재)의 모습을 인식했다.

인간은 처음부터 '나는 생각한다'라는 존재가 아니었고, 애초에 무언가를 인식하는 자아를 갖고 있었던 것도 아니었다.

지극히 평범한 일상생활 속에서 체험을 통해 생각하게 되고 어떤 시점에서 자아를 확실히 소유한다. 거기서 세상 속으로 투입되어 사물이나 타인과 함께 살아가는 자신을 찾아낸다는 것이다.

후설은 초월적 진리는 없다고 했는데, 하이데거 역시 사회는 이미 구성되어 초월적인 것으로서 존재하는 것이 아니라 이른바 인간의 체험 과정으로서 나타난다고 받아들였다.

조르게로 세상이 개시되다

인간은 보통 어떻게 살아갈까?

하이데거에 따르면 인간(현존재)이 존재하는 가장 기본적인 사실은 **깨달음(조르게)**이라고 한다. 인간은 다양한 레벨로 사물에 관심을 보이고 흥미를 가지며 욕망하고 가능성을 찾아낸다. 이것이 깨달음이라는 것이다.

예를 들어 여기에 사과가 있다고 하면 그것은 처음부터 사과로서 존재한 것이 아니다.

허기 진 인간이 사과를 먹고 싶어 한다. 이러한 인간의 깨달음으로 시작하여 '사과가 있다', '사과는 먹는 것' 등 세상의 질서 중 일부가 개시된다는 것이다.

하이데거는 이처럼 사라졌다 나타나는 다양한 깨달음에 뒤섞여 살아가는 상태를 **퇴락**이라고 불렀다.

인간은 이러한 깨달음을 의식하지는 않지만 **이를 통해 자신이 무엇인지 이해한다**는 점이 중요하다.

즉, 깨달음에 대응하여 나타나는 세계 속에 내가 나타난다. 내가 먼저 존재하는 상태에서 세계를 이해한다는 것이 아니다. 인간은 이해하고 받아들이면서 존재할 수 있는 것이다. 이것이 하이데거가 생각하는 실존이었다.

또한 하이데거는 인간 존재의 뿌리에는 시간성이 있다고도 말했다.

과거에 대해서는 '무엇이었나'를 받아들이고 미래에는 '무엇일 수 있는가'를 선택한다. 이러한 과정을 거쳐 현재의 존재가 어떠한지 그 형태가 만들어진다는 것이다.

인간은 깨달음을 통해 자신을 인식한다

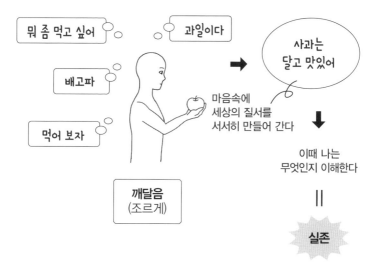

뭐 좀 먹고 싶어

과일이다

배고파

사과는
달고 맛있어

먹어 보자

마음속에
세상의 질서를
서서히 만들어 간다

이때 나는
무엇인지 이해한다

깨달음
(조르게)

=

실존

죽음=가능성

나아가 하이데거는 키르케고르가 테마로 한 죽음도 분석했다.

죽음이란 사실 누구나 현실에서는 경험할 수 없는 것이다. 따라서 단순히 관념으로서 존재한다.

인간에게 죽음이란 더 이상 현존재할 수 없는 무시무시한 관념이다.

이 죽음의 가능성은 인간을 불안한 기분(=정상성[情狀性])으로 뒤덮는다. 따라서 죽음과 정면으로 맞서는 일 없이 가능한 한 눈에 띄지 않는 곳에 두려고 한다.

하이데거는 인간이 형태를 만드는 사회, 문화, 종교 등 다양한 제도에는 죽음의 불안을 공동적으로 감추려 하는 무의식의 모티브가 있다고 분석했다.

그러나 죽음은 현존재의 가장 고유한 가능성이라고도 할 수 있다.

무슨 뜻일까?

먼저 **죽음이란 타인과는 교환할 수 없는 자신만의 절대적이고 고유한 가능성**이다. 자신이 부자가 될 가능성은 타인에게 양보할 수 있지만, 자신이 죽을 가능성은 타인에게 양보할 수 없다.

누구나 고유의 죽음의 가능성을 갖고 있다. 즉, 언제든 그 것을 선택할 수 있는 사항으로서 보유하고 있다는 의미다.

바꿔 말하면 인간은 죽음의 가능성이 있기 때문에 그에 따라 세상에 얽매인 상태에서 해방될 가능성이 있다. 다시 말 해 죽음에 대한 절망이 아니라 **죽음에 대한 자유**라는 것이다.

인간은 죽음에 직면하지 않기 위해 자신의 존재 가능성을 현저히 좁히고 만다. 이른바 평범한 사람이 생활하는 영역에 갇히는 것이다. 이를 한계까지 넓혀서 살아가는 유일한 방법 은 죽음을 자유로서 고를 수 있는 삶, 즉 죽음을 자각하는 것이다.

이렇게 죽음을 자각하면 구체적으로 대체 어떤 삶이 가능 해질까?

이에 대해 하이데거는 양심의 소리가 들린다고 표현했다.

여기에서 양심이란 '단적으로 좋은 것'이라는 뜻이다. 윤리 적으로 좋은 것이라기보다는 훌륭한 것, 아름다운 것, 풍요 로운 것 등 대략적으로 인간의 마음을 매혹하는 것으로 추 측된다. 자신에게 더없는 가능성(욕망)을 깨닫는 것이다.

위의 내용을 인생훈으로서 받아들여 생각해 보면 어떨까? 퇴락하여 본래의 자신과는 다른 모습으로 살아가는 일상에 놓이면 평소에는 생각지도 않던 죽음을 자각함으로써 자신이 처음부터 갖고 있던 모습과 마주하고 진정한 관심이나 욕망이 보인다는 가르침일 것이다.

죽음 때문에 불안을 느끼기보다는 삶에 활력을 불어넣는 것.

하이데거의 철학에는 일상을 무너뜨리는 계기가 나타나 있다.

무의미한 자신은
의미 있는 자신으로 바꿀 수 있다

사르트르

1905년~1980년. 프랑스 파리 출신. 사상
가이자 문학가. 페미니스트 작가인 보부아
르를 반려자로 삼았으며 노벨문학상을 거
절했다. 인생 후반기에는 마르크스주의에
심취해 비판을 받았다. 주요 저서로는 《구
토》, 《존재와 무》 등이 있다.

의식은 무화장치

사르트르는 **노벨 문학상** 수상자에 지명될 정도로 위대한 문학가이자(수상은 거절) 전쟁 후 실존주의의 붐을 일으킨 철학자다.

파리에 살던 젊은 날의 사르트르는 그 당시 현상학으로 이름을 떨치기 시작했던 후설의 강의를 듣기 위해 일부러 베를린까지 찾아갔다.

후설의 현상학은 의식이 중심이다. 객관이라는 것은 없고 모두 의식 위에 생겨난 현상으로서 인식한다.

의식이 전부다. 의식에는 다양한 이미지나 감정이 축적되고 그것을 마음껏 해석할 수 있다. 후설의 의식은 저장고라는 이미지였다.

후설의 의식에 만족한 사르트르도 역시 의식을 중심으로 두었다.

그러나 사르트르의 의식은 이미지가 조금 달랐다.

의식은 저장고이긴 하지만 저장해 둔 것은 사라지고 만다. 의식은 온갖 이미지나 감정을 저장해 주기는커녕 그것들을 무(無)로 만들어 버리는 무시무시한 것이라고 생각했다.

사르트르에게 의식이란 **무화장치(無化裝置)**였다.

자신의 존재도 무의미

사르트르의 무는 '무의미'라고 해석하면 이해가 잘 될 것이다.

1938년에 간행된 소설 《**구토**》에는 의식의 무화장치가 다양하게 그려졌다.

주인공인 로캉탱은 부빌이라는 가상의 지방 도시에 살면서 도서관에 다니며 역사 연구를 하는 고독한 청년이다. 그는 보이는 것(즉, 의식으로 나타난 것) 모두가 무의미하게 보였다. 돌멩이든 마로니에 나무든 미술관이든 일요일이든 친구의 비밀 이야기든 다 이유도 없이 존재한다고 생각했더니 모든 것이 무의미하게 느껴져 혐오감이 일어났다.

이윽고 그 혐오감은 자신을 향했다. 내가 왜 여기에 존재하는 것일까? 그에게는 가족도 없고 친구도 거의 없었다. 직업도 없고 언제 정리될지 알 수 없는 연구를 하고 있었다. 나란 존재는 무엇일까? 로캉탱은 자신의 존재조차 무의미하게 느껴졌다.

이처럼 부시무시한 의식의 무화장치는 **사물도 자신도 무(무의미)로 만든다.**

인간은 대자존재(對自存在)

이처럼 사르트르가 청년기에 이르렀던 사상에는 애처로운 부분이 있었지만 그 후 그의 사상은 크게 변모되었다. 제2차 세계대전에 프랑스군 병사로서 전쟁터에 나간 사르트르는 독일군의 포로가 되어 수용소에서 하이데거의 철학을 연구했다. 석방 후 독일의 점령 아래 파리에서 대표적인 철학 저서인 《존재와 무》를 완성해 전쟁이 끝나기 전인 1943년에 발표했다.

《구토》에서는 사물도 인간도 똑같이 취급하면서 양쪽 다 존재하는 것이 무의미하다고 했지만,《존재와 무》에서는 사물과 인간을 구별해서 생각했다.

사물은 '나는 왜 여기에 존재하는가' 등을 물어볼 수 없다. 따라서 자신의 존재를 의식하지 않고 그대로 존재하기 때문에 즉자존재(即自存在)인 셈이다. 이와 반대로 인간은 '나는 왜 여기에 존재하는가'라고 자신에게 물을 수 있다. 자신의 존재를 의식하고 자신을 대하는 존재이기 때문에 대자존재(對自存在)이다.

사물은 자신의 존재를 의식하지 않으므로 자신의 존재가 의미가 있거나 무의미하다고 생각하지 않는다. 그래서 편하

208

사물과 인간의 차이는 어디에 있을까?

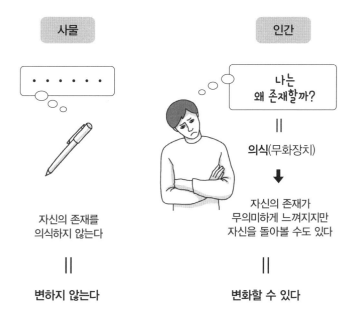

사물

인간

• • • • • •

나는
왜 존재할까?

의식(무화장치)

자신의 존재를
의식하지 않는다

자신의 존재가
무의미하게 느껴지지만
자신을 돌아볼 수도 있다

‖

‖

변하지 않는다

변화할 수 있다

다. 이와 반대로 인간은 골치가 아프다. 자신의 존재를 의식하고 자신을 무의미하다고 생각하며 무화하는 것이다.

그러나 곰곰이 생각하면 인간은 끊임없이 자신의 존재를 부정(무화)하기 때문에 그 상황에 생긴 불만을 계기로 다가올 미래에는 자신을 극복하고자 하는 존재라고도 할 수 있다. 인간은 사물과 달라서 자신을 돌아볼 수 있기 때문에 이상적인 모습을 추구하고 자신을 변화할 수 있다.

여기서 키워드는 **자유**다.

즉, 부정적인 사람에서 긍정적인 사람으로 변화할 때 선택의 자유가 있다는 뜻이다. 인간은 자신이 어떤 모습으로 있어야 할지 선택하는 자유로운 존재인 것이다.

자유와 책임

사르트르가 한 유명한 말 중에 **실존은 본질에 앞선다**는 말이 있다.

사물은 본질이 실존보다 앞선다. '쓴다'라는 본질이 먼저 존재한 후에 펜이라는 사물이 만들어짐으로써 펜이 존재하게 된다(실존).

한편, 인간은 어떤 본질(의미)이 먼저 존재했던 것은 아니고 갑자기 이 세계에 던져지게 된다.

먼저 이 세계에 존재(실존)했을 때 비로소 살아가는 의미(본질)가 생겨난다. 그래서 인간은 실존이 본질을 앞선다. 실존에서 본질이라는 순서로 흐른다.

그렇다면 인간의 본질은 무엇인가? 사르트르의 말을 빌리자면 그 본질을 선택하는 것은 자유라고 한다.

인간이 지향해야 할 본질에 이상적인 모습을 정하는 것도 좋지만 무신론을 철저하게 지킨 사르트르는 **인간의 본질은 처음부터 정해져 있는 것이 아니라**고 생각했다. 인간의 본질, 즉 자신은 자유롭게 만들어 가는 것이다.

그러나 제멋대로 자유를 부려서는 안 된다. 자유에는 책임이 따르는 법이다. 따라서 정치가가 되는 것도 의사가 되는 것도 백수가 되는 것도 자유지만, 거기에는 책임이 따른다.

부모님이나 선생님의 말대로 살 필요는 없고 스스로 자신의 인생에 색을 칠하면 되는데, 그것은 자신의 책임 아래 선택한 것이므로 그 어떤 변명도 할 수 없다. 좋은 일이든 나쁜 일이든 모든 행동에는 스스로 책임을 저야 한다.

이처럼 자유와 책임은 간단하지 않지만 최악의 경우에는 자유와 책임에서 도망치게 된다. 사르트르는 이를 불성실하

사르트르의 앙가주망

사회가 마음에 들지 않으면
직접 다시 짜면 된다

||

앙가주망

(사회 참가·정치 참가)

전 세계의 젊은이들에게 큰 영향을 끼쳤지만
마르크스주의에 점점 심취한 결과,
후에 비판을 받게 되기도 했다

다며 비난했다.

마음에 들지 않으면 다시 짜면 된다

우리는 자유와 책임을 가지는 존재로서 이미 사회에 포함되어 있다. 사르트르는 사회와 얽히는 동안 만약 **사회의 구조가 마음에 들지 않는다면(무의미하게 느껴진다면) 다시 짜면 된다**고 세상에 호소했다.

이것이 사르트르가 제창한 **앙가주망(engagement), 즉 사회 참가나 정치 참가**를 뜻하는 말이다.

엄밀히 따지면 사회를 다시 짜면 된다는 것이 아니라 이미 짜고 있다고 해도 무방할 것이다.

우리는 사회의 시추에이션(situation), 즉 상황에 휘말려 있어서 투표든 무투표(사람의 선택에 맡기는 선택)든 사회가 어떤 모습으로 있기를 바라는지 선택하는 자유를 행사하고 있다. 자신의 선택에는 책임을 져야 한다는 사실도 잊어서는 안 된다.

앙가주망에 정답이 있다고 생각한 사르트르는 그의 꿈을 마르크스주의에서 찾게 되는데, 그것 때문에 작가인 알베르 카뮈와 충돌하여 구조주의자들에게서 큰 비판을 받게 되었다.

단, 그렇다고 해서 그의 사상 모두가 물든 것은 아니었다. 인간이 나아가야 할 본질을 고정화하지 않고 자신의 책임 아래에 자신이나 사회를 자유롭게 만들어도 좋다는 생각은 지금도 큰 의미를 갖고 있다.

인간은 몸으로 인해
세상과 한 몸이 된다

메를로 퐁티

1908년~1961년. 프랑스 로슈포르 쉬르메
르 출신. 제2차 세계대전에 나가 레지스탕
스 활동에도 참여했다. 전쟁이 끝난 후 리
옹대학 교수, 파리대학 교수 등으로 일했
다. 저서로는 《행동의 구조》, 《지각의 현
상학》 등이 있다.

육체는 나인가?

'나란 무엇인가?'에 대해 생각할 때 나란 정신(의식)으로 간주하는 것이 자연스럽다. 나란 생각하거나 인식하거나 의식을 가지는 주체이다.

그런데 한 가지 문제가 있다.

매일 이렇게 움직이고 있는 손이나 발은 내가 아니라는 뜻일까? 육체는 내가 아니라는 뜻일까?

주관과 객관으로 나눈 이원론을 주장해 온 근대 철학에서는 심신 이분법을 바탕으로 생각했다. 다시 말해 정신과 육체를 구분하여 정신이 주관, 육체는 객관이었다. 육체에는 정신이 깃들어 있지 않기 때문에 사과나 칼이나 테이블과 똑같이 일종의 사물로 간주한 것이다.

그러나 당연한 말이지만 육체는 정신(의식)과 연결되어 있다.

'따뜻하다', '춥다', '뜨겁다', '차갑다', '눈부시다' 등 객관의 세계에서 정보를 캐치하여 의식으로 보내는 기능은 육체가 담당한다. 또한 물건을 만들거나 쓰고 걷고 달리는 등 의식한 대로 움직이는 것도 육체다.

반대로 '배가 고프다', '화장실에 가고 싶다', '졸리다', '아프다', '가렵다', '성행위를 하고 싶다' 등 육체 자체에서 요구가 나와 의식을 제어하기도 한다. 이른바 생리적 욕구란 육체에서 보내는 요구이다.

이처럼 정신(의식)과 육체는 깊게 연결되어 있다.

정신(의식)은 항상 육체와 함께 행동하고, 정신은 육체가 보내는 자연 현상을 늘 보고 있어야 한다.

정신(의식)은 육체가 없으면 존재할 수 없다는 사실만큼은 확실하다.

정신이 없어도 뇌사 상태에 빠진 육체는 일단 계속 존재할 수는 있지만 육체가 사라지면 정신도 사라진다. 정신(의식)도 어디까지나 육체의 일부라고 할 수 있다. 그렇다면 육체는 과연 객관일까 하는 의심이 든다.

이처럼 **육체를 입구로 사상을 전개한 사람**이 메를로 퐁티였다. 그는 인간은 육체에 속고 있다고 표현하며 나의 실존에 깊이 파고들었다.

메를로 퐁티는 파리를 거점으로 활약한 20세기의 위대한 철학자 중 한 사람이다. 그러나 그의 저서는 난해해서 깊이 정독해야 했기 때문인지 사상의 숭요성에 비해서 그 이름은 크게 알려져 있지 않다.

그러나 그의 신체론은 푸코, 데리다, 들뢰즈 등 현대 사상에 큰 영향을 끼쳤다.

육체가 있고 의식이 있다

데카르트가 '나는 생각한다'라고 말한 정신(의식)은 어디에 있는가?

그것은 육체에 있다. 메를로 퐁티는 먼저 이 당연한 사실을 똑똑히 확인했다.

의식이란 공기 위에 떠도는 것이 아니다. 어딘가에 독립해서 있는 것도 아니다.

메를로 퐁티의 주장에 따르면 원래 인간은 이 세계 어딘가에 육체로서 나타났다고 한다.

그 **육체에 나중에 의식이 붙은 것**이다. 순서로 따지자면 육체가 먼저고 의식이 나중이다.

의식에는 반드시 자신의 육체가 존재한다. 의식은 항상 육체를 끼고 무언가를 느끼고 생각하며 행동한다.

이 전제를 살아 있는 육체, 혹은 육화(肉化)라고 부른다. 의식도 육체의 일부다.

이 전제를 무시한 의견은 의미가 없다. 메를로 퐁티는 육체를 무시한 의견을 상공 비행적 사고라 부르며 비판했다.

육체의 의미 공간

사실 육체에는 독자적인 **의미 공간(육체 공간)**이 있다고 한다. 무슨 뜻인가 하면 **육체에는 육체만의 의식과 같은 것(무의식)이 만들어져 있다**는 이미지다.

예컨대 사고 등으로 팔다리가 절단되었는데도 왜인지 절단되어 존재하지 않아야 할 팔다리가 아프다고 호소하는 환자가 있다(환각지).

이는 그동안 길들여진 육체의 감각이 기능하고 있기 때문이다.

또한 뇌 장애 때문에 의식적으로 팔이나 다리를 움직이지 못하게 된 환자가 모기에 물린 부분에는 재빨리 손을 갖다 댈 수 있을 때가 있다.

이는 의식적으로 육체를 움직이지는 못하지만 반복해서 했던 운동은 육체가 기억하고 있어서 그 감각은 기능을 한다는 것이다.

가까운 예로 터치 타이핑이나 차 운전, 악기 연주 등 처음에는 의식해서 육체를 움직여 기억한 운동을 수도 없이 반복하여 연습하는 사이에 의식하지 않아도 알아서 육체가 반응하여 움직이게 된다.

이런 식으로 육체 공간이 형성된다. 반복된 운동을 거쳐 어떠한 상황에 해야 할 행동이 축적된 육체는 그 뜻을 이해하면서 동화하듯이 움직이는 것이다.

예를 들어 운전사(의식)가 차(육체)를 움직이는 것이 아니라 차(육체) 자체가 스스로 축적된 데이터를 바탕으로 주변 상황을 파악하면서 스스로 움직이는 것이나 마찬가지다. 육체에는 이러한 기능도 있다.

즉, 육체는 수동적일 뿐만 아니라 능동적인 면도 있다는 뜻이다. 이것이야말로 육체의 본성이라고 할 수 있을 것이다.

육체에도 의식과 같은 것이 있다는 주장은 그때까지 발상조차 하지 못했던 완전히 새로운 지평을 열었다고 할 수 있다.

육체는 이 세계에 잠들어 있다

육체는 단순한 사물이 아니다. 생리 현상을 봐도 알 수 있듯이 나와 육체는 떼려야 뗄 수 없는 관계에 있다. 심신불가분(心身不可分)이다.

그리고 사회생활을 영위할 때는 접하고 엮이며 교류하는 등의 행동이 육체를 통해 일어난다.

육체가 있기 때문에 나는 세상과 자연스럽게 관계를 갖게 되는 것이다.

메를로 퐁티는 육체란 공간 안에 배치되어 있는 것도 아니고, 시간의 흐름에 있는 것도 아니라고 했다. 육체는 공간이나 시간에 잠들어 있다고 표현했다.

같은 시대의 실존주의자인 사르트르는 의식과 세계는 분리되어 있고 의식이 세계에 기능을 함으로써 세계가 변한다고 생각했다.

그러나 메를로 퐁티는 의식과 세계가 분리되어 있지 않다고 생각했다. 의식과 세계는 육체를 사이에 두고 서로 어우러져 있다는 이미지다.

메를로 퐁티는 의식(자기)과 세계를 모자 관계에 비유했다.

갓 태어난 아기는 육체를 끼고 엄마와 닿으며 세계와 일체가 된다. 자기와 세계(엄마노 포함)는 아직 분리되어 있지 않고 같이 어우러져 있으며 자기와 세계 사이에 대립이라는 것은 없다.

메를로 퐁티의 신체론

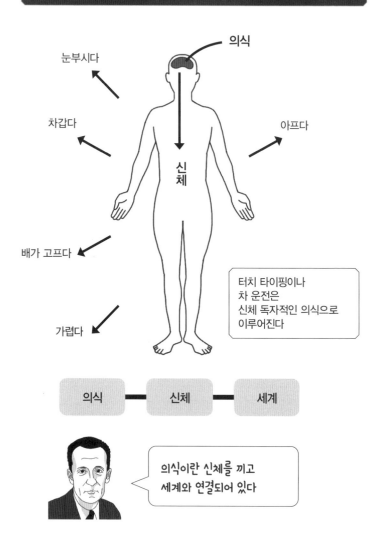

육체를 낀 의식(자기)과 세계의 이미지는 이처럼 인간의 원초적 모습을 띠고 있다.

메를로 퐁티는 육체를 낀 세계와 일체가 되는 나의 이미지를 나타냄으로써 인간이 사는 것의 긍정적인 측면을 보여 준다.

인간은 과잉을 소비하여
쾌락을 얻는다

바타유

1897년~1962년. 프랑스 중부 빌롬 출신.
명문 그랑제콜 중 하나인 국립 고문서학교
를 졸업하고 국립 도서관 사서가 되었다.
저작 활동을 통해 에로티시즘의 사상가로
알려졌다. 주요 저서로는 《에로티시즘》이
있다.

방탕 생활에 열중하다

에로티시즘 사상가 하면 프랑스의 조르주 바타유가 떠오른다.

에로티시즘 철학이라는 말을 들으면 처음에는 저속한 듯한 느낌도 들지만, 바타유의 사상은 이성을 중시하는 서양 문명의 가치관을 발칵 뒤집은 것은 물론이고 인간이 살아가면서 반드시 필요한 근원적인 힘의 존재에 대해서도 알려 주었다.

원래 바타유는 독실한 가톨릭 신자로 국립 도서관의 사서로 착실하게 일하고 있었다.

그러나 니체나 프로이트에 심취해 책을 읽다가 밤의 사창가에 다니게 되었고 27세에 신앙을 버렸다.

31세에 여배우 실비아 마클레(당시 20세)와 결혼했지만 그 후에도 매춘가를 도는 방탕한 생활은 끝날 줄을 몰랐다. 갈 데까지 간 끝에 결국에는 시체를 탐하는 망상에까지 사로잡혔다고 한다. 당시 사회 통념으로 따지면 방종한 변태였다. 바타유 스스로도 자신의 모습에 끙끙 앓고 있었다. 그러나 그런 절조 없는 성생활 속에서 바타유는 새로운 사상을 세우고자 했다.

에로티시즘이란 신성을 더럽히는 것

에로티시즘(쾌락)이란 무엇인가?

바타유는 **인간이란 불연속한 존재**라고 주장했다.

인간은 영원히 사는 것이 아니라 언젠가 **죽음**을 맞이하게 되므로 연속해서 살지 못한다는 의미에서 불연속한 존재라고 했다. 이 생각은 삶이 단 한 번뿐이고 교환이 불가능하다는 하이데거의 지적과 중복된다.

또한 인간은 기본적으로 고독하다. 언젠가는 죽을 신체에 얽매여 고독하게 살아가는 것이 인간이다. 타인과 근본적인 부분에서 서로 통할 수는 없다. 이런 뜻에서도 인간은 불연속한 존재이다.

이처럼 인간은 불연속한 존재이기 때문에 연속성을 추구한다고 주장했다.

현실 세계에서 연속성을 느낄 수 있는 것은 죽음이다. 죽음은 물론 불연속성을 주는 것이지만 그렇기 때문에 연속성으로 바뀔 때가 있다고 했다.

예를 들어 죽음이란 육체가 죽는 것이기는 하지만 더 큰 생명의 흐름이나 어떠한 신성한 것과 일치한다고 생각할 수 있다. 죽음은 출구가 아니라 영원으로 들어가는 입구로 인식

죽음과 에로스의 관계

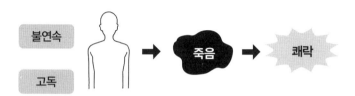

불연속

고독

인간은 불연속한 존재이기
때문에 연속성을 추구한다

죽음은 신체의 끝이기는 하지만
영원으로 들어가는 입구(연속성)로
생각할 수도 있다

죽음

쾌락

죽음을 추구하는 곳에서
쾌락(에로스)이 생겨난다

할 수 있는 것이다.

이러한 생각에서 인간에게는 삶을 보존하고자 하는 충동이 있는 한편, 죽음과 관여하기를 바라는 충동이 있다고 할 수 있다. 그리고 이 **죽음을 추구한 결과, 쾌락이 생긴다**고 했다.

사실 프로이트도 죽음의 충동(타나토스)과 에로스의 공통성을 서술했기 때문에 그 부분과도 일맥상통한다고 볼 수 있다.

예컨대 인간의 성행위는 이 죽음을 유사적으로 체험하는 것이라고 한다.

바타유는 신성한 것인 여성을 모독하는 것, 즉 선을 넘는 행위에 죽음이 유사적으로 구현된다고 주장했다.

죽음이란 신성한 것을 더럽히고 파괴하는 것이다.

인간의 성행위는 신성한 것을 더럽히는 것, 즉 유사적으로 죽음을 체험하는 행위로 쾌락을 얻는 것이라고 할 수 있다.

인간은 동물과 달리 생식 활동과 분리된 형태로 성행위를 한다.

왜냐하면 인간만이 죽음이라는 의식을 갖고 있으며 거기에서 쾌락을 얻을 수 있기 때문이다.

과잉을 소비하다

인간은 죽음을 체감하여 쾌락을 얻을 수 있다. 이 생각을 반대로 말하면 인간은 죽음을 체감하는 것이 목적이 아니라 거기에서 생기는 쾌락을 얻는 것이 목적이라는 뜻이다.

어디까지나 죽음은 매개체로서 존재할 뿐이고 최종 목적은 쾌락이다.

그렇다면 죽음을 체감한다는 행위는 한 번 달성되면 만족할 수 있을까? 그렇지 않다. 쾌락을 얻기 위해 또 죽음을 체감하는 행위가 필요해진다.

그래서 끊임없이 죽음을 체감하고 쾌락을 얻고자 한다.

인간은 이러한 반복 속에서 살아갈 수밖에 없다.

생각을 더 발전시켜 말하자면 인간은 **쾌락을 얻기 위해 끊임없이 죽음을 체감하는 상황을 만들어 내고 있다**고 생각할 수 있다.

그것이 바타유가 말하는 과잉이라는 것으로, 인간은 이 사회에 과잉한 것을 만들어 내고는 파괴하거나 소비(탕진)하기를 반복한다.

여기서 파괴나 소비는 죽음을 뜻한다.

인간은 죽음과 관련하기를 원해서 파괴나 소비에 빠진다.

이른바 인간이 저주 받은 부분이다.

생각해 보라. 인간은 훌륭한 문명을 창조하는 한편, 그것을 전쟁으로 파괴하기도 한다. 이것이 반복되면서 인간의 역사는 이루어진다.

왜 이런 일이 일어날까?

바타유는 그러한 **파괴 행위(=죽음)에서 생기는 쾌락을 추구하기 때문**이라고 했다. 대량 살상 등도 이러한 행위로 설명할 수 있다.

성대한 연회를 열고 축적해 온 재물을 손님에게 아낌없이 베풀어 자신의 지위와 재력을 과시하고 손님도 그 이상으로 대접하여 보답한다.

이 또한 과잉을 소비하여 생기는 쾌락을 추구하는 것이라고 해석할 수 있다. 더 가까운 예를 들자면 여유가 생긴 어른이 아이들 취향의 물건을 대량으로 사는 행위도 비슷한 원리가 아닐까?

또한 사회에는 깨서는 안되는 법률이나 규율이 있는데 인간은 단순히 법을 지키는 존재일 뿐만이 아니라 법을 깨서 쾌락을 느끼는 존재라고도 할 수 있다.

이 쾌락을 느끼기 위해 과잉의 법을 세웠다고도 말할 수 있는 것이다.

구리모토 신이치로의 바타유론

바타유 이론을 인상적으로 나타낸 한마디

**인간은
팬티를 입은 원숭이다!**

구리모토 신이치로

인간은 팬티를 입을 때
느낄 수 있는 쾌락을 얻기 위해
일부러 팬티를 입는다

인간은 생식 활동과는 다른, 본래는 필요 없는 과잉 섹스를 소비함으로써 성적 쾌락을 얻는다.

팬티 입은 원숭이

위의 사실들은 바타유의 이론을 하나의 기본 원리로 설명한 구리모토 신이치로 씨의 《**팬티 입은 원숭이**》(1981)에 간략히 정리되어 있다.

인간은 팬티 입은 원숭이인데 팬티를 벗을 때 생기는 쾌락을 얻기 위해 팬티를 입는다고 했다.

팬티란 인간에게 과잉한 것인데 여기에는 돈, 질서나 도덕, 근친상간을 포함한 성에 관한 금기, 살인이나 폭력의 금지 등이 포함된다.

특정 순간(성교, 축제, 놀이, 전쟁 등)에 이 과잉인 팬티를 벗어던졌을 때(=파괴, 탕진, 소비) 쾌락이 생겨난다.

이 쾌락을 맛보기 위해 평소에는 팬티를 입고 참는 것이다. 이것이 인간이다.

지식은 실제로 썼을 때
명확해진다

퍼스

1839년~1914년. 미국 매사추세츠주 케임브리지 출신. 하버드대학에서 공부하고 수학자에서 자연과학자가 되었다. 철학에 대한 관심이 높아져 프래그머티즘을 창시했지만 생전에는 빛을 보지 못했다. 주요 저서로는 《퍼스 논문집》이 있다.

미국의 실천형 철학

18세기 후반에 영국에서 독립한 아메리카 합중국에서는 유럽의 영향을 받으면서 독특한 철학이 생겨났다. 그것이 **프래그머티즘**이다.

프래그머티즘이란 행위를 뜻하는 그리스어 pragma(복수형은 pragmata)에서 유래했다.

즉, 머릿속으로는 어떤 생각을 세우든 상관없이 그것이 올바른가 그릇되는가는 **실제로 행동해 봐야 안다**라는 뜻이다.

고대 그리스 철학이나 근대 철학은 형이상학이라고 불렸다. 그 말은 현실을 뛰어넘은 곳에서 진리를 찾아내는 것이었다. 이른바 머릿속으로 생각하는 것이 중심이었다.

그러나 유럽의 철학이 문제로 삼은 '세계는 어떻게 이루어져 있는가?', '세계를 올바르게 인식하고 있는가?' 등을 생각함으로써 그것이 일상생활에 어떤 쓸모가 있는가 하는 소박한 의문이 생겨났다.

이에 대해 생각한 것을 실제로 행동해서 써 보지 않으면 의미가 없다고 주장한 것이 미국의 프래그머티즘이었다.

이러한 실천형 철학이 생겨난 이유에는 **미국의 사정이 있었기 때문**일 것이다.

17세기에 영국에서 청교도가 전파된 이후로 가혹한 환경 속에서 서부를 개척하는 한편, 독립전쟁, 남북전쟁, 산업혁명을 거쳐 급속히 발전한 미국이 생각보다 먼저 행동으로 옮겼다. 그렇지 않으면 살아갈 수 없었다. 이러한 사람들의 삶에 대한 방식이 프래그머티즘과 연결되어 있다.

퍼스: 사고→행동으로 명확해진다

프래그머티즘의 창시자는 **퍼스**다.

퍼스는 하버드대학을 졸업한 후로 실험에만 열중했던 과학자였기 때문에 이끌어 낸 사상도 실험 과학 그 자체였다.

간단히 말하면 ① **사고에서** ② **행동의 원칙**을 제시했다.

먼저 ① 사고에 대해 생각해 보자. 퍼스는 사고란 의심이라는 자극으로 생겨나고 신념을 얻을 수 있을 때 정지한다고 생각했다.

즉, 인간은 '왜 그럴까?', '어떻게 할까?'라고 의심을 품은 순간부터 사고를 시작한다. 여러 가지 사고를 하여 '그럼 이렇게 하자' 하는 신념을 얻었다면 사고는 거기서 멈춘다.

사고를 통해 얻은 신념이란 '이렇게 하자'라는 행동의 법칙이다. 따라서 이번에는 ② 행동으로 옮긴다.

행동해 보면 또 새로운 의심이 생길 것이다. 그래서 다시금 사고를 한다. 그리고 또 다른 신념을 얻는다. 새로운 신념에 따라 다시 행동한다.

이와 같은 사고와 행동(엄밀히 따지면 의심→사고→신념→행동)을 반복했을 때 지식이나 사고법이 명확해진다.

이 사이클은 과학은 물론 일상생활에서도 응용할 수 있을 것이다.

예를 들어 어떤 여성이 고학력에 돈도 잘 버는 이상적인 남성 A와 약혼을 했다고 생각해 보자. 그러나 정말 그 남성을 좋아하는지 의심이 생긴다. 그래서 사고를 한다. '내가 결혼을 해서 원하는 것은 무엇일까?' 하고 말이다. 곧 '나는 정말 좋아하는 사람과 결혼하고 싶다'라는 신념에 이른다.

이 신념에 따라 약혼을 파기한다는 행동으로 옮긴다. 그러자 이번에는 '나는 어떤 사람을 좋아하는 걸까?'라며 새로운 의심을 하게 된다. 똑같은 사이클을 반복하면서 자신의 결혼관은 점점 명확해진다.

이러한 퍼스의 방법으로 알 수 있는 것은 **지식이란 항상 새로 쓰이는 것**이다. 그때까지 학문에서 지식이란 보편적이고 절대적인 것으로 이미 단단히 굳은 사실로서 어딘가에 있으며

퍼스의 프래그머티즘

약혼 상대에게
의심을 품는 여성

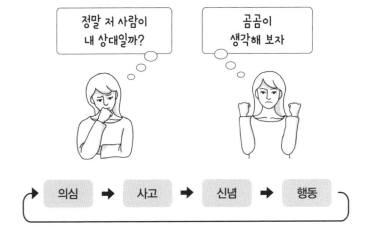

이 사이클을 통해 지식이 명확해진다

그것을 인간이 발견하여 획득하는 것이라고 믿어 왔다.

그러나 퍼스는 지식이란 인간과 분리되어 보편적으로 어딘가에 있는 것이 아니라 사고와 행동 과정을 거쳐 인간 안에서 생성되는 것이라고 생각했다. 게다가 항상 새로 쓰이면서 명확해지는 것이다.

코페르니쿠스가 제창한 지동설은 갈릴레오나 케플러도 옳다고 생각했지만, 왜 새가 남겨져 있지 않는가 하는 의심이 남아 있었다. 그러나 뉴턴의 만유인력의 법칙으로 그 의심이 풀리고 지동설에 관한 지식이 더 명확해졌다. 이처럼 과학적 지식도 항상 새로 쓰인다.

제임스: 진리도 천차만별

생전에 퍼스는 거의 저서가 세상에 출판되지 않아 무명의 존재였지만 친구인 **제임스**(1842~1910)가 그의 사상을 계승해서 널리 퍼뜨렸다.

퍼스의 이론은 의심을 품고 사고하여 얻은 신념에 따라 행동하고, 그것이 어떤 의미를 갖는가 확인한다는 내용이었다.

제임스는 이 과정을 진리를 확인하기 위한 수단으로 사용했다. 즉, 이 과정으로 확인할 수 있는 신념을 진리로 대치한 것이다.

다시 말해 제임스는 진리란 보편적이고 초월적인 것이 아니라 확인할 수 있는 것이라고 여겼다. 어떤 사람이 의미가 있다고 생각한다면 그것은 그 사람의 진리가 되는 것이다. **진리도 천차만별**이라는 셈이다.

이러한 제임스가 확대 해석하는 경향은 종교에도 뻗쳐 갔다.

퍼스의 신념(관념)은 어디까지나 확인하고 음미하는 것에 불과했다. 그러나 제임스는 이에 대해 신념(관념)을 믿었을 때 가치가 생기는 한, 그 신념(관념)은 진실이라고 할 수 있다고 주장했다. 신념(관념)은 확인하지 않아도 진리가 될 수 있다는 뜻이다.

제임스은 무슨 말을 하고 싶었던 것일까?

예컨대 '신은 존재한다'라는 신념(관념)이 있다고 하자. 이 신념을 믿음으로써 종교적인 위로를 얻거나 살아가는 용기를 얻을 수 있다던 신은 존새한다는 사실이 입증되지 않아도 그 신념은 그 사람에게 진실이라는 뜻이다. 그렇다면 절대적으로 신은 존재하는가 묻는다면 그렇지 않다. 어디까지나 개인의 진실이다.

제임스는 이렇게 진실의 정의를 내림으로써 개개인의 신앙의 자유를 지키려고 했다고 추측된다.

듀이: 지식은 인간의 도구다

프래그머티즘을 크게 발전시킨 사람은 **듀이**(1859~1952)다.

듀이가 내세운 중심적인 생각은 **도구주의**다.

이는 인간이 살아가기 위한 도구로서 지식을 중시한다는 생각이다.

이때의 도구에는 인간이 진화하는 과정에서 환경에 적응하면서 발전해 온 도구라는 뜻이 담겨 있다. 지식은 일상생활에 사용해야 하며 계속 변화하는 것이다.

듀이는 퍼스의 이론을 바탕으로 과학이나 일상생활에 응용할 수 있는 지식의 탐구 프로세스를 다음과 같이 정리했다.

제일 먼저 문제를 명확히 한다. 다음으로 문제에 대한 해결책을 생각한다. 이 해결책은 실험을 통해 검증한다. 만약 해결책이 실험으로 부정된다면 다른 해결책을 모색한다. 실험을 통해 올바르다는 사실이 확인되면 문제는 해결되고 다음 단계로 나아가 새로운 문제 해결에 임한다.

사고에서 행동으로 가는 과정이 바탕에 깔려 있는데, 이는 서양 철학사에서 따지면 이원론을 부정한다는 뜻이었다.

즉, 서양 철학은 이론(사고)과 실천(행동)(주관과 객관이라고 해도 좋다)이라는 이원론이 지배하고 있었는데, 이를 **사고→행동→사고… 라는 사이클로 통일한 것**이다.

이론을 보완하는 것으로 실천(행동)을 중시한 듀이는 이를 교육에도 적용했다.

그때까지 전통적인 이론 교육에 실천 활동을 도입하여 아이들이 상상력을 발휘하도록 재촉한 것이다. 듀이는 근대 교육에 혁신의 바람을 불러일으킨 인물이기도 했다.

사상 이론과
언어 게임론

비트겐슈타인

1889년~1951년. 오스트리아 빈 출신. 논리
학의 러셀에게 사사 받기 위해 영국 케임
브리지로 가서 논리학에 혁명을 일으켰다.
주요 저서로는 《논리 철학 논고》, 《철학
탐구》 등이 있다.

천재인가 괴짜인가

비트겐슈타인은 천재라고도 괴짜라고도 불리는 사상가로 그의 사상 이상으로 별난 삶이 전설처럼 퍼져 있다.

먼저 집안이 특이하다. 아버지는 당시 세계 3대 철강왕 중 한 사람인 백만장자로 네 형제 중 세 사람이 자살을 했다.

비트겐슈타인 본인은 오스트리아에서 공학부를 졸업하고 건축가가 되려고 했다. 그런데 논리학의 거장 러셀(1872~1970)의 저서에 충격을 받고 그가 있는 케임브리지로 향했다. 비트겐슈타인은 그곳에서 32세라는 젊은 나이에 《논리 철학 논고》라는 혁명적인 저서를 완성했다. 그것은 번호가 매겨진 문장들을 조목별로 정연히 나열한 명언집과도 같았다.

이 책을 가지고 철학의 주요 문제는 모두 해결되었다고 확신한 그는 대학 경력을 미련 없이 버리고 오스트리아 작은 마을의 수녀원에서 정원사가 되었다.

그러나 3년 만에 싫증이 나 케임브리지로 돌아왔다. 예민하고 사람을 싫어하는 그가 강사 일을 할 수 있을 리 만무했다. 교실 안에서 장시간 머리를 감싼 채 움직이지 않기도 하고 기분이 언짢으면 학생에게 호통 치는 일도 있었다.

노르웨이로 불쑥 모습을 감추는가 하면 다시 대학에 들

락날락하기를 반복하다 1947년에 그토록 싫어하던 대학 교사직에서 물러났다. 직업을 전전하다 초등학교 교사까지 했지만 아버지와 형의 심한 비난을 받을 뿐이었다.

이런 비트겐슈타인이지만 철학에 있어서는 천재였다. 그런 면모는 저서인 《논리 철학 논고》를 스스로 부정하고 《철학 탐구》(사후 1953년에 출판)에서 완전히 새로운 방향의 철학을 논했던 것만 봐도 알 수 있다.

비트겐슈타인의 사상을 다음 두 가지로 정리해서 살펴보자.

① 전기의 《논리 철학 논고》에서 제시한 사상(寫像) 논리(→논리 실증주의)

② 후기의 《철학 탐구》에서 제시한 언어 게임론(→분석 철학)

전기: 사상 이론

먼저 **사상(寫像 이론)은 '언어란 세상을 표현하는 그림이다(=사상이다)'**라는 생각이다.

여기에 예쁜 꽃이 피어 있다. 이것을 누군가에게 전달하고 싶을 때는 그림을 그리거나 사진을 찍을 수도 있지만 언어를 통해서도 전달할 수 있다. 예쁜 꽃이 피었다고 언어로 표현하면 된다.

이처럼 눈앞에 펼쳐진 세상을 언어로 표현하는 것이 사상(寫像)이다.

비트겐슈타인에 따르면 세계는 수많은 사실(사태)로 구성되어 있다고 한다. 그러한 사실(사태) 하나하나와 대응하여 언어에 따른 사상이 있다.

이 언어에 따른 사상을 명제(=글)라고 불렀다.

세계 속에 예쁜 꽃이 피어 있다는 사실이 하나 있고, 이에 대응하는 사상으로서 '예쁜 꽃이 피어 있다'라는 명제가 있는 것이다.

이러한 명제를 모두 모았다면 세상 모든 것을 나타낼 수 있다는 뜻이 된다. 이것이 사상 이론이다.

이 사상 이론을 바탕으로 생겨난 논리 실증주의는 영미 철학에서 하나의 유행처럼 퍼졌다. 이는 세계를 비추어 내는 언어에 따른 명제가 논리적으로 올바른가를 보는 것이다.

실증하지 못하는 명제는 의미가 없다고 했다. 이는 올바른가 올바르지 않은가 실증되지 않는 추상적인 형이상학에 대항하는 것이었다.

그런데 비트겐슈타인의 사상에서는 **언어가 있고 나서 비로**

비트겐슈타인의 사상 이론

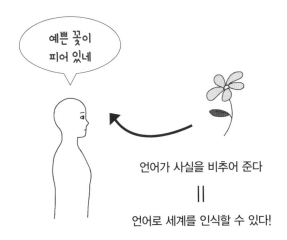

예쁜 꽃이
피어 있네

언어가 사실을 비추어 준다

||

언어로 세계를 인식할 수 있다!

그러나 이 사상 이론에는
해결할 수 없는 두 가지 문제가 있다

소 인간 사회나 세상사를 이해할 수 있게 되었다고 생각한다는 점이 중요하다.

데카르트에서 칸트, 헤겔로 이르기까지 근대 철학의 큰 질문이기도 했던 '인간은 세상을 올바르게 인식하고 있는가'라는 인식의 문제를 생각해 보자. 의식 밖에 있는 객관적 세계를 의식이 그대로 베껴내기 때문에 우리는 의식만 따져보면 된다고 했다.

이에 대해 비트겐슈타인은 객관적 세계란 결국에는 언어로 변환된다고 생각했다.

의식이 인식한 그림은 마지막에 '예쁜 꽃이 피어 있다'라는 언어로 나타내진다. 따라서 의식이 아니라 언어 쪽에서 접근하면 세상을 알 수 있다고 했다. 의식으로 세계를 인식하고자 했던 근대 철학에 대해 넘어야 할 하나의 벽이 되어 있었던 것이다.

후기: 언어 게임론

그러나 잘 생각해 보면 사상 이론에도 두 가지 문제가 있었다.

① 언어에는 '예쁜 꽃이 피어 있다'라고 세계를 표현하는 기능이 있지만 그렇지 않은 것도 있다. 예를 들어 '안녕', '아야!', '힘들어', '죄송해요' 등의 언어다. 이들은 세계를 표현하는 것이 아니다.

② 언어의 의미는 말을 하는 사람의 마음이나 상황에 따라 변화한다. 예를 들어 첫 데이트에서 공원을 찾아 '예쁜 꽃이 피어 있네'라고 말하는 것은 솔직한 기쁨의 감정을 나타낸다. 그러나 정리 해고를 당해 생각에 잠긴 사람이 공터에 늠름하게 피어 있는 꽃 한 송이에 감명을 받고 '예쁜 꽃이 피어 있네'라고 말할 때는 재기나 작은 희망을 나타내는 것일지도 모른다.

이처럼 두 가지 문제가 있다. 이 문제를 지적한 사람은 다름 아닌 비트겐슈타인 본인이었다. 그리고 그는 이 문제를 극복하기 위해 **언어 게임**이라는 이론을 주장했다.

게임에는 규칙이 있다.

예를 들어 트럼프 포커를 할 때는 참가자가 포커 규칙을 따라 게임을 진행한다. 이와 마찬가지로 우리가 언어를 쓸 때도 언어의 규칙을 따른다. 단, 이 규칙은 언어를 실제로 사용하면서 자연스레 익숙해지는 것이므로 평소에는 의식할 일이 없다.

언어의 규칙을 따라 언어 게임을 한다는 것이 언어 게임론이다. 각 장면에 맞는 언어의 규칙을 따라 적절한 언어를 사용했을 때 비로소 언어의 의미가 적절하게 이해된다는 내용이다.

그렇다면 앞에서 나온 문제 두 개와 대조해 보자.

① 예를 들어 사람이 많은 전철 안에서 '죄송해요'라고 말하면 부탁의 뜻이다. '내릴 테니까 좀 비켜 주세요'라는 뜻이 내포되어 있다는 것을 알 수 있다. 이는 전철을 타는 많은 사람들이 같은 언어의 규칙을 이해하고 있기 때문에 서로 통한다고 할 수 있다. 어떤 언어든 그 장소의 언어 규칙 안에서 처음으로 의미가 나타난다.

② 회사에 지각해서 상사에게 '죄송합니다'라고 할 때는 사죄의 의미로 쓰인다. 똑같은 말이라도 다른 언어 규칙을 쓰는 장면에서는 뜻이 달라진다.

이 언어 게임론에서는 각 장면에서 그때그때 다른 규칙에 따름으로써 같은 말로도 다른 뜻을 가진다는 사실을 설명하기 때문에 어느 한 가지 진리를 추구하는 것은 아니다.

이는 일종의 상대주의지만 언어는 해석하기 나름이라는 것도 아니다. 일정 장소의 규칙 안에서 해식은 정해지는 것이다.

사상 이론에 대한 비판에서 생겨난 언어 게임론은 사실

자신의 사상 이론을 부정한 언어 게임론

죄송해요　　　안녕하세요　　　감사해요

처음부터 의미를 포함하지 않는 언어의 운용법은?

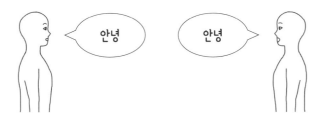

안녕　　　　안녕

아침 인사라는 규칙에 따라 그 말의 의미가 나타난다

‖

언어 게임론

비트겐슈타인과 다른 곳에서 비슷한 생각으로 나타나기도 했다.

바로 분석 철학이라 불리는 사고법이다. 미국의 프래그머티즘을 계승한 리처드 로티(1931~2007) 팀이 발전시켰다. 로티와 비트겐슈타인은 절대적인 진리는 없다고 주장한 면에서 일치한다.

4

현대 사상을 이끈
철학자

이 장을 읽기 전에

19세기 후반부터 20세기에 걸쳐 근대 국가는 자본주의를 가속시켰고, 그에 따라 빈부 격차가 확대되었다. 현대에서 말하는 격차 문제가 뿌리를 내린 시기이다.

가난한 사람들 사이에서는 억지 노동으로 본래의 인간다움을 **빼앗겼다는** 불만이 점점 번져나갔다. **마르크스주의는 이러한 불만을 받아들여 급속히 세계로 퍼뜨렸다.**

마르크스주의는 구소련이나 동유럽, 중국 등의 사회주의 국가에 영향을 주었는데, 평등을 중시한 나머지 개인의 자유를 소홀히했다는 부정적 측면이 강한 탓에 점점 쇠퇴되어 갔다.

마르크스주의를 대신해 1960년대 프랑스에서는 구조주의가 대두되었다. 구조주의란 **'이 사회에는 우리도 모르는 새에 만들어 낸 구조가 있으며, 알게 모르게 그 구조로 규정되어 있다'**라는 사고방식이다.

구조주의의 원천에는 반세기 전에 사라진 소쉬르의 언어학이 있었다. 그리고 60년대 프랑스에서는 레비스트로스(문화

인류학), 롤랑 바르트(기호론), 라캉(정신분석), 알튀세르(철학) 등 구조주의자들이 각각 전문 분야에서 완전히 새로운 사회상을 그려 나갔다.

그러나 구조주의가 예측한 보편적인 구조란 인간이 무슨 수를 써도 바꿀 수 없는 것으로, 어떤 의미에서 진리와 같은 위치에 자리 잡았다.

이를 비판하며 나타난 인물들이 **후기구조주의자**라 불리는 푸코(역사), 데리다(철학), 들뢰즈(철학)이다. 그들은 진리의 존재를 인정하지 않는다는 점에서 기존의 **구조주의**자들과는 다르다.

그들은 권력, 탈구축, 다양성 등의 키워드를 통해 우리가 사는 현대의 양상을 더 정밀하고 자세히 그렸으며 새로운 인간의 자세를 모색했다.

또한 이상을 추구하던 근대 이후 인간의 자아의식이 도달한 곳이 제2차 세계대전에서 보인 대량 살상이었냐고 하여, 그들의 사상에서는 서양 사상에 대한 반성도 엿볼 수 있다.

언어가
세상에 질서를 준다

소쉬르

1857년~1913년. 스위스 제네바 출신. 파리
언어학회에 가입했다. 제네바대학에서 일
반언어학을 강의했다. 자신의 저작은 남기
지 않았지만 강의록을 바탕으로 제자들이
편찬한 《일반 언어학 강의》는 그 후 구조
주의에 막대한 영향을 끼쳤다.

사회에는 보이지 않는 구조가 있다

1960년대 프랑스에서 구조주의가 대두했다.

구조주의란 이 사회에는 평소에 깨닫지 못하는 구조가 있고 우리도 모르는 사이에 이 구조에 영향을 받고 있다는 사고방식이다.

그러한 사회를 만드는 구조는 평소에는 잘 보이지 않기 때문에 의식적으로 바꾸기란 어렵다고 했다. 바꿀 수도 없는데 구조를 발견해 봤자 무슨 의미가 있는가 싶겠지만 실제로 구조주의가 비판을 받은 점도 바로 이 때문이었다. 그리고 이는 후기구조주의로 이어졌다.

그렇다면 구조주의는 어떻게 생겨났는지부터 살펴보자.

의미하는 것과 의미되는 것

스위스의 유명한 언어학자 중에 소쉬르가 있었다.

소쉬르는 1913년에 사망했지만 구조주의의 기본적인 사고방식은 그의 강의록인 《일반 언어학 강의》에 있기 때문에 일반적으로 소쉬르는 **구조주의의 아버지**라고 불린다.

소쉬르의 언어 사상은 ①시니피앙과 시니피에, ②랑그와 파롤, ③공시태와 통시태라는 3가지 틀로 인식할 수 있다.

① 시니피앙과 시니피에

언어에는 **시니피앙(=의미하는 것)과 시니피에(=의미되는 것)**가 있고 이 두 가지가 표리일체가 되어 기능을 한다.

예를 들어 나비를 떠올려 보자.

먼저 '나비'라는 음성이 있다. 이것이 시니피앙이다. 이 나비라는 음성을 들으면 팔랑팔랑 날아다니는 곤충 나비가 떠오른다. 이 이미지가 시니피에다.

이처럼 언어의 기능을 두 가지로 분할해 보면 어떠한 사실이 보인다.

먼저 시니피앙과 시니피에의 관계가 자의적이라는 사실이다. 시니피앙과 시니피에의 관계는 미리 정해진 것이 아니라 우연히 그렇게 되었다는 뜻이다.

나비라는 음성에 나비라는 그림이 연결되는 것은 한국어의 습관으로 우연히 그렇게 된 것일 뿐이지, 프랑스어로는 파피용이라는 음성에 대해 나비라는 그림을 떠올린다. 음성과 이미지의 연결은 시대나 장소가 바뀌면 180도 바뀌고 만다. 시니피앙과 시니피에의 관계는 자의적이다.

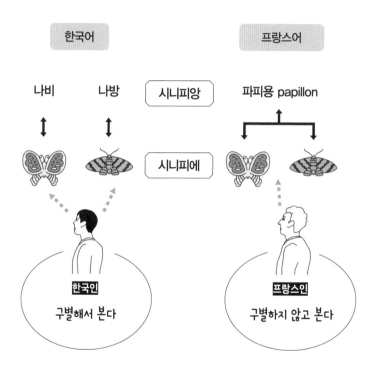

언어에 따라 다른 세계의 질서를 만든다

한국어

프랑스어

나비 나방 시니피앙 파피용 papillon

시니피에

한국인
구별해서 본다

프랑스인
구별하지 않고 본다

더 중요한 사실도 알 수 있다.

나비라는 음성이 차지하는 범위는 시대나 장소에 따라서도 달라진다.

한국어로 나비란 곤충 나비를 가리킨다. 그러나 프랑스어인 파피용은 곤충 나비뿐만이 아니라 나방까지 가리킨다.

이는 다시 말해 한국어를 쓰는 사람들은 나비와 나방을 구별하여 보지만 **프랑스어를 쓰는 사람들은 나비와 나방을 같은 것으로 본다**는 뜻이 된다.

여기에 중요한 시점이 숨어 있다.

그 언어의 사용법을 살펴보면 언어의 사용자가 이 세상을 어떻게 보고 있는지를 알 수 있다는 사실이다.

② 랑그와 파롤

랑그란 언어의 규칙을 말한다. 파롤이란 그 언어의 규칙에 따라 구체적으로 말하는 것이다.

영어라는 랑그를 배운 후에 실제로 외국인과 대화하는 행위가 파롤인 셈이다.

이 사실은 이제 당연한 감각이라 지금은 이해하기가 쉬운데, 소쉬르 이전에는 언어라고 하면 랑그만 말하고 실제로 사용하는 행위인 파롤을 나눠서 생각하지 않았다.

여기서 **랑그와 파롤의 관계가 고정적이지 않다**는 사실이 중요하다.

보통 랑그의 규칙 안에 파롤이 사용되는데 파롤에는 규칙을 깨는 예외 행위가 있다. 규칙이 있으면 반드시 규칙을 깨는 자가 있기 마련이다.

젊은 층이 쓰는 말을 보면 바로 알 수 있다. '쩔다'라는 말은 원래 없었지만 현재는 충격을 받을 정도로 훌륭하다는 의미로 쓰이고 있다.

최근에는 무슨 말이든 앞에 '완전'을 붙이거나 사투리인 '겁나'를 일상적으로 쓰기도 한다.

한국어라는 랑그는 파롤에 따라 매일 새로운 사용법이 생겨난다.

즉, 각각의 파롤은 랑그의 규칙을 뛰어넘어 랑그를 새로 만드는 힘까지 갖고 있다.

그리고 새로 만들어진 랑그 안에서 또 파롤이 이루어진다. 이것이 반복된다.

랑그는 시대와 함께, 혹은 지역 차이에 따라 각 상황에 맞게 변화해 가는 것이다.

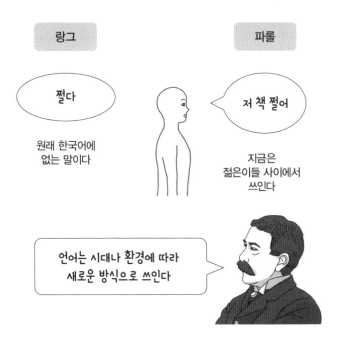

③ 공시태와 통시태

① ②의 사실로 미루어보아 언어의 체계는 시간이나 공간에 따라서도 변한다.

서울과 부산은 한국어 사용법이나 쓰이는 단어 종류가 다르다. 같은 서울이라도 현대와 조선시대에 쓰인 언어는 서로 완전히 다를 것이다.

그래서 소쉬르는 언어의 체계성을 연구할 때는 통시적(역사적) 변화와 공시적(그 시간이나 공간) 체계성을 구별해야 한다고 생각했다.

그 중에서도 소쉬르는 공시태를 중시했다.

사물을 역사적인 변화로 다루는 것이 아니라 그 시간이나 공간을 잘라냈을 때 어떤 체계성이 명확해진다는 것이다.

사물이 먼저인가? 언어가 먼저인가?

소쉬르의 언어학이 가지는 의미를 조금 더 자세히 살펴보자. 우리는 처음에 사물이 있고 그 하나하나에 라벨을 붙이듯이 이름을 지었다고 생각하기 쉽다.

그러나 그렇지 않다. 오히려 **사물에 이름을 붙인다는 행위로**

사물의 질서를 짰다고 할 수 있다.

　도식으로 나타내면 '사물의 질서→언어의 표현'이 아니라 '말 짓기→사물의 질서'다.

　프랑스어로는 나방이라는 말이 없기 때문에 나비와 나방의 차이(=질서)가 없지만, 나방이라는 말을 붙인 한국어로는 나비와 나방의 차이(=질서)가 생겼다.

　바꿔 말하면 세상은 이미 정해진 것으로 존재했던 것이 아니라 언어로 어떻게 질서를 정할지에 따라 다른 세계가 나타난다는 것이다.

　이는 곧 세계에는 인간이 자의적으로 질서를 만든 체계밖에 없다고 하는 새로운 세계관을 나타내는 것이다. 다시 말해 이 세계에서 어떠한 보편적인 의미를 찾아내려고 했던 과거의 철학들을 비판하는 것이었다.

사회에는 눈에 보이지 않는
보편 구조가 있다

레비스트로스

1908년~2009년. 유대계 프랑스인(출생은
브뤼셀). 파리대학에서 철학을 배운 후 민
속학을 연구했다. 전쟁이 끝난 후 사르트
르를 비판하고 구조주의의 지도적 인물이
되었다. 주요 저서로는 《야생의 사고》가
있다.

사르트르의 둘도 없는 친구였다

소쉬르의 전문이 언어학이라면 레비스트로스의 전문은 **민속학(문화인류학)**이다.

이것을 과연 철학이라고 할 수 있을까? 왠지 어색함이 느껴지는 사람도 있을 테지만 그들은 언어나 사회, 문화를 분석하여 얻은 구체적인 법칙을 갖고 시종일관 추상적인 토론만 하던 철학의 토대를 흔들었다고 할 수 있다.

레비스트로스는 **진정한 구조주의가 가능한 것은 언어학과 민속학 분야뿐**이라고 했다.

그는 원래 철학을 배웠으며 사르트르와는 같은 대학 친구였지만 민속학으로 전향했다.

사르트르는 후설의 현상학을 바탕으로 실존주의에 파고들어 프랑스의 지성을 대표하는 존재가 되었다. 거기에 구조주의를 주장한 레비스트로스가 나타나 사르트르를 비판하기 시작했다.

구조주의는 실존주의를 묻어버리고 1960년대 사상계의 메인 스트림이 되었다.

그렇다면 레비스트로스의 구조주의란 대체 무엇일까?

그리고 사르트르의 실존주의에 대해 어떤 비판을 했는지

살펴보자.

보편 구조를 꺼내다

레비스트로스는 민속학에서 인간사회에 숨어 있는 **보편 구조**를 꺼내고자 했다. 보편 구조. 이것이 구조주의에서 말하는 구조다.

소쉬르의 언어학에서는 각각의 언어 체계가 고정되지 않고 시대와 장소에 따라 변한다고 했는데, 레비스트로스는 한 걸음 더 나아가 각 체계는 변화하지만 그 변화들 속에서 오히려 더 변하지 않는 것이 있다고 생각했다.

다시 말해 결코 변하지 않는 보편 구조가 있다고 생각한 것이다.

만약 어떤 사회에서도 통하는 불변의 보편 구조가 있다면 그 구조에서 사회와 인간을 되돌아보는 와중에 어떤 새로운 것이 보일 수도 있다.

레비스트로스는 글자가 없는 사회에서 친속 조직을 연구하거나 남북 아메리카 인디언의 신화 등을 연구했다.

그때는 단순히 자료를 읽고 연구하는 것이 아니라 실제로 직접 미개 사회에 들어가 눈으로 똑똑히 보고 피부로 느끼면서 생각했다.

전쟁이 일어나기 전에는 상파울루대학 교수 시대를 포함해 약 3년에 걸쳐 브라질 내륙부나 아마존강 기슭에 사는 몇몇 부족과 접촉하여 필드워크를 했다.

그리고 그는 보편 구조란 **근친혼 금지**라고 결론을 내렸다.

일반적으로 유전학적 이유나 사회 윤리적 이유 때문에 근친혼이 금지되었다고 추측되지만, 레비스트로스는 여기에 공동체라는 시스템 유지가 기능했다고 생각했다. 바꿔 말하면 여성의 상호 교환과 순환 기능이다.

사실 공동체란 가장 소중히 여기는 여성을 다른 공동체에 어쩔 수 없이 내주었을 때 비로소 스스로를 유지해 갈 수 있다고 한다. 공동체에서 가장 중요한 여성(때로는 아이)을 주고받는다는 교환으로 공동체는 유지되고 이 교환을 기원으로 공동체가 만들어졌다는 것이다.

알기 쉽게 설명하자면, 사회에는 인간의 교환 없이 개방된 관계가 생기지 않는다. 교환하지 않으면 한 가족 안에 갇히게 되고 공동체나 사회까지도 닫힌다.

이러한 근친혼의 금지는 이른바 **미개 사회든 서양의 문명사회든 어디에나 존재한다**는 것이 중요한데, 그 뜻을 자각해서 행동하는 것이 아니라 무의식중에 이루어진다고 했다.

따라서 인간사회에 숨어 있는 보편 구조란 근친혼의 금지
다. 이처럼 당사자도 깨닫지 못하는 무의식의 구조를 분석하
고 그 의미를 밝혀내면 인간 사회에 새로운 양상이 나타난
다. 구조주의에서는 이런 식으로 연구를 했다.

야생의 사고란?

문명사회와 미개 사회 사이에 공통하는 보편 구조에서 보
이는 것이 있는 한편, 양자의 차이점에서 보이는 것도 있다.

그때까지 서양에서는 문명이 발달하지 않은 사회를 미개
사회라고 부르며 문명인보다 열등한 야만인으로 여겼다.

그러나 레비스트로스는 이것이 인간도 사회도 점점 진보
한다는 진화론적 발상이고, 서양 문명을 중심으로 한 자민
족 중심주의(에스노센트리즘)라고 비판했다.

또한 미개 사회를 서양 문명보다 떨어졌다기보다는 단순
히 형태가 다른 것이라고 생각하여 객관적으로 대비했다.

문명사회는 역사적 변화에 열띠게 반응하는 뜨거운 사회
로, 논리적 계획적으로 하는 재배(栽培)적 사고를 갖고 있다고

레비스트로스의 구조주의

문명사회와 미개 사회에 공통하는 시스템이 있다

문명사회

미개 사회

근친혼금지

무의식의 보편 구조가 있다 = 구조주의

했다.

이와 반대로 미개 사회는 사회의 안정성을 위해 역사적인 요인을 지웠다고 해서 차가운 사회로, 야생적 사고를 갖고 있다고 했다.

이 야생적 사고에는 주체나 인격적 정체성이 단정되어 있지 않다.

데카르트가 '나는 생각한다'라고 말한 이후로 서양에서 생각하는 주체의 개념에 대립하는 이미지인데, 개개인은 공동체의 질서를 따라 생각하고 행동하는 것이다.

사르트르 비판

이상 레비스트로스가 했던 사르트르의 실존주의, 마르크스주의, 서양 근대 철학에 대한 비판을 정리하면 다음과 같다.

① 사르트르 비판 : 사르트르는 자유라는 관점에서 인간 존재의 사회적 책임을 강조했는데, 레비스트로스는 개인의 행위란 의식하지 않는 동안 사회 구조에 규정되기 때문에 자유로워질 수 없다고 했다. 게다가 보편적인 사회 구조가 존재하는데 그것은 바꿀 수 없었다.

문명사회와 미개 사회의 차이에서 보이는 것

문명사회

뜨거운 문화

||

역사적 변화에 민감하게 반응하고
이론적, 계획적으로 임하는
재배적 사고를 갖고 있다

미개 사회

차가운 문화

||

사회성의 안정을 위해
역사적인 요인을 지우는
야생적 사고를 갖고 있다

미개 사회가 서양 문화보다
떨어지는 것은 아니다
그저 타입이 다를 뿐이다

그렇다면 우리는 자유로워질 수도 사회를 바꿀 수도 없는 것인가?

이대로는 현상 유지밖에 할 수 없다는 부정적인 생각에 빠지게 된다.

그러나 우리가 사회에서 살아가는 한, 사회 구조(습관이나 제도)에 조금이라도 규정되는 것은 당연한 일이다. 그렇지 않으면 우리는 사회에서 살아갈 수 없다. 자유라고 해도 사회의 틀 안에서 정해진 범위만큼 누릴 수 있다는 것도 사실일 것이다.

배우가 되고 싶다 한들 아무리 재능이 있어도 혼자서는 실현하지 못한다. 사회 사람들이 배우로 봐 줄 때(규정될 때) 비로소 배우가 되는 것이다.

이렇게 생각하면 **구조주의는 더 현실적이고 성숙한 견해를 나타낸다**고 할 수 있다.

② 마르크스주의 비판 : 마르크스주의에서는 경제상의 동기(=지배계급과 피지배계급 사이의 이해적 힘의 관계) 위에 사회의 여러 제도가 생겼다고 했다.

그러나 레비스트로스는 사회의 여러 제도와 경제적 동기 사이에는 인간이 무의식중에 만들어 낸 눈에 보이지 않는 구조가 있다고 했다. 이 눈에 보이지 않는 구조가 큰 역할을 짊어지고 있다는 새로운 그림을 그렸다.

③ 서양 근대 철학 비판 : 미개 사회 사람들의 사고 양식(야생적 사고)을 찾아낸 것은 서양 근대 철학에서 이성을 중심으로 한 주체 개념이 절대적이라는 고집에 대한 비판이 되었다. 이성이나 의식의 작용 뒤에는 그것을 무의식중에 제어하는 구조가 있다는 새로운 시점을 제시했다.

현대라는 신화 세계에
던져져 있다

롤랑 바르트

1915년~1980년. 프랑스 셰르부르 출신. 젊어서 결핵을 앓고 후유증에 시달렸다. 전쟁이 끝난 후 교수 자격을 취득했다. 기호론을 전개한 저작을 통해 60년대에 국제적인 명성을 얻었다. 주요 저서로는 《신화론》, 《텍스트의 즐거움》 등이 있다.

저자는 죽었다?

구조주의를 **기호론**으로 전개한 사람이 프랑스의 철학자이자 문예 비평가인 롤랑 바르트다.

바르트는 파리의 소르본대학에서 공부를 했지만 결핵을 앓고 후유증에 시달린 탓에 교수가 되지 못했다. 그러나 병을 이유로 병역은 면제를 받았다.

전쟁이 끝난 50년대부터 《글쓰기의 영도》,《미슐레》등 유연한 문장으로 쓴 저작을 연달아 발표하고 시대의 총아가 되었다.

1977년, 프랑스 최고 학술인 콜레주 드 프랑스의 교수 자리에 오르기도 했다.

그러나 그의 최후는 덧없었다.

1980년, 세탁소 트럭에 치여 64세에 목숨을 잃었다. 나중에 대통령이 될 프랑수아 미테랑과 점심 만찬을 가진 후에 사고를 당했다고 한다.

바르트의 기호론이란 어떤 것이었을까? 먼저 개요를 살펴보자.

레비스트로스의 구조주의는 사회 구조의 결과로서 주체가 있다고 생각했다. 주체는 구조로 규정되어 있다. 자유로운

주체란 없으므로 이는 어떤 의미로, 주체의 죽음이라고 할
수 있다.

바르트의 기호론도 도식이 똑같다.

소설을 예로 들어 보자. 무엇보다도 작품 자체의 독해를
중시했을 때 작자는 작품 뒤에 따라오는 것이다. 즉, 작자보
다 작품이 중요하다. 이것이 작자의 죽음이라 불리는 사고방
식이다.

구조주의: 사회 구조 〉 주체……**주체의 죽음**

바르트의 기호론: 작품 〉 작자……작자의 죽음

표현한 사람이 아니라 표현된 결과물만을 이해한다는 방법인
데, 바르트는 이를 문예뿐만이 아니라 다양한 분야에 적용해
서 전개했다.

작자의 오리지널이 아니다

예컨대 보통 문학 작품을 읽을 때 작품이란 작자의 사상
이나 생각을 나타낸 것이라고 여긴다. 즉, 작자는 곧 작품인
셈이다.

따라서 극단적인 이야기지만 작품을 이해하려면 작자에

게 물으면 된다. 작자에게 '이 작품에서는 어떤 메시지를 전하고 싶으셨나요?' 하는 질문을 자주 한다. 작품은 작자가 가장 잘 알고 있을 테니 작자에게 묻는 것은 이상할 게 하나도 없다.

그러나 바르트 입장에서 이것은 난센스한 일이었다. 이러한 사고방식은 근대 특유의 발상이라고 비판했다.

바르트는 작자와 작품을 떼어 놓고 작품은 오로지 작품으로만 봤다. 여기에 작자의 죽음이 있다.

그렇다면 작자의 죽음 후에는 어떻게 될까?

바르트는 작품을 텍스트(프랑스어로는 '텍스트 texte')라고 한다.

텍스트란 라틴어로 '짜인 것'이라는 말에서 유래했다. 따라서 텍스트란 이곳저곳에서 갖고 와서 짠 짜깁기라고 추측할 수 있다.

즉, **어떤 텍스트는 오리지널이 아니라 이미 존재하는 다른 무수한 텍스트에서 인용하여 이루어졌다**는 것이다. 따라서 문학 작품에서도 그것은 작자의 오리지널이 아니라 이미 존재하는 것에서 끌고 와 엮어 낸 것이라고 간주한다.

바르트는 이러한 자세로 그때까지 없던 새로운 의미를 작품 안에서 찾아내려고 했다.

'작자의 죽음'은 문학 작품에만 국한되지 않는다. 온갖 표

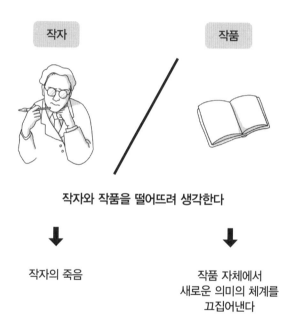

롤랑 바르트의 기호론

작자

작품

작자와 작품을 떨어뜨려 생각한다

작자의 죽음

작품 자체에서
새로운 의미의 체계를
끄집어낸다

현 방식이나 사회적 사건에까지 적용하여 생각할 수 있다.

예를 들어 연극이나 종교의식, 이벤트, 패션, 음악, 광고, 모드, 보도되는 사건, 재판 등이다. 이들은 몸의 움직임, 영상, 멜로디를 가진 소리, 사물 등의 요소를 조합하여 짜인 것이라고 볼 수 있다.

보통은 막연히 보고 있는 요소 하나하나가 어떻게 조합되어 있는지 분석하여 그 표현이나 현상이 어떤 의미를 가지는지 알 수 있다.

즉, 기호의 체계에서 의미의 체계를 꺼내는 것이다.

이것이 바르트가 추구하던 것이었다.

이로 인해 그때까지 학문적인 대상이 되지 못했던 것까지 문화 기호로서 제대로 분석할 수 있게 되었다.

그때까지 특별히 의미가 없다고 생각했던 것들도 우리에게는 어떠한 의미로 다가오게 된 것이다.

디노테이션과 코노테이션

현대 사회는 어느 부분을 잘라내도 의미를 읽을 수 있다. 그렇다면 의미는 어떻게 발생할까?

바르트는 소쉬르의 시니피앙과 시니피에의 이항대립 사고법에서 한층 더 발전시켜 **디노테이션(암시적 의미)과 코노테이션(잠재적 의미)**이라는 사고법을 제시했다.

예를 들어 오바마 전대통령의 예전 선거 슬로건(Yes, We Can)이라면 말 자체의 의미인 디노테이션은 "맞습니다, 우리는 할 수 있습니다"일 뿐이다.

그러나 실제로 유권자에게 전해지는 의미로서는 '격차나 금융 위기에 직면한 미국을 같이 바꿔 나갑시다. 우리는 할 수 있습니다'라는 뜻이다. 이것이 코노테이션이다.

디노테이션과 코노테이션의 구조가 기능하는 곳은 언어뿐만이 아니다.

예를 들어 자동차 벤츠는 디노테이션으로서 독일의 자동차 메이커 다이뮬러의 브랜드지만, 코노테이션으로는 고급차, 셀럽, 혹은 부자들의 차, 허세 등의 의미가 발생한다.

따라서 우리는 평소 생활에서도 **디노테이션보다 코노테이션에 구속된다**는 사실을 알 수 있다.

패션에 무관심한 사람이라도 프라다 가방에서는 세련과 고급이라는 코노테이션을, 학력을 중시하지 않는 사람이라도 서울대 출신에서 고학력과 엘리트라는 코노테이션을 받아들인다.

현대사회는 어느 부분을 잘라도 의미가 존재한다

디노테이션

독일의 자동차 메이커
다이뮬러의 브랜드

코노테이션

고급차, 셀럽, 부자…

벤츠

우리는 의미의 이중 구조를 가진
신화 세계에 살고 있다

바르트는 이렇게 디노테이션과 코노테이션으로 이루어진 의미의 이중 구조를 **신화 작용**이라고 불렀다.

현대 사회에 살아가는 우리는 이러한 의미를 가진 세계(=신화 세계)에 던져졌으며 무의식중에 어떤 일정한 세계상이 심어져 있다고 한다.

기호론 열풍

일본에서도 바르트의 이러한 기호론적 사회 분석이 인기를 얻었다. 무엇이든 그 안에 숨겨진 의미를 찾아내려고 했기 때문이다.

도시론, 미디어론, 음악론, 사진론, 모드론, 영상론 등 '~론(論)'이라는 말이 여기저기서 유행했는데, 이는 원래 바르트의 기호론에서 시작된 것이라고 할 수 있다.

바르트의 기호론을 사용하면 현대사회의 온갖 면에 깊숙이 들어가 그것이 어떤 의미를 가지는지 분석할 수 있다.

구조주의의 등장으로 마르크스가 나타낸 사회 구조는 과거의 산물이 되었다. 상부 구조와 하부 구조라는 계급 대립으로 분석하는 방법은 이제 구식이 된 것이다.

여기에서 바르트의 기호론이 나타났다. 사회를 어느 곳에서 시작하든 분석할 수 있으며 의미를 끄집어내는 새로운 방법으로서 바르트의 기호론은 크게 인기를 얻었다.

인간의 무의식은
언어로 이루어져 있다

라캉

1901년~1981년. 프랑스 파리 출신. 의대에서 정신의학을 전공하고 파리정신분석학회 회원이 되었다. 1964년 프로이트의 정신분석을 만나 정신분석학에 구조주의 언어학을 적용하여 정신분석학의 독창성을 인정받았다. 주요 저서로는 《에크리》가 있다

정신분석학×구조주의

구조주의를 정신분석으로 전개한 사람이 프랑스의 정신분석가 라캉이다.

레비스트로스가 사회(세계) 안에 있는 무의식 구조에 주목했던 것과는 달리 라캉은 **인간(나)의 안에 있는 무의식 구조**에 주목했다.

그렇다면 인간의 무의식 구조란 어떻게 이루어져 있을까? 라캉은 이 부분을 더 구체적으로 그리려고 했다.

라캉은 원래 철학을 배우다가 의학의 길로 전향하였고, 곧 프로이트의 정신분석학을 만났다.

시대는 인간의 잠재의식에서 새로운 표현을 추구하는 초현실주의의 예술 운동이 일어났을 즈음, 라캉은 운동에 참여하는 한편 임상의로서 광기라 불리는 사람의 정신분석에도 관여했다.

극장에서 여배우를 칼로 공격하여 중상을 입힌 에메라는 여성과 면회를 거듭하여 병력을 분석했다는 이야기가 유명한데, 이는 1932년 학위 논문《인격과의 관계로 본 편집증 정신병》으로 정리했다.

라캉의 대표적인 이론 중 하나는 세계대전이 일어나기 전인 1936년, 국제 정신분석학회에서 발표한 **경상단계론**이다.

당시에는 거의 주목받지 못했지만 세계대전이 끝난 후에 다시 조명되었고, 이로 인해 라캉은 프랑스 정신분석의 중요 인물로 떠올랐다.

그렇다면 먼저 이 경상단계론에 대해 살펴보자.

거울로 내가 만들어진다

라캉은 러시아의 철학자 코제브(1902~1968)의 강의를 통해 헤겔의 사상을 만났다.

헤겔에 따르면 자기의식(나)이란 타인에 의해 만들어진다고 했다. 타인과 관계를 맺을 때 비로소 내가 만들어진다는 것이다. 이 생각에 영향을 받은 라캉은 나라는 존재는 언제, 어떻게 만들어지는가 생각했다.

갓 태어난 아기는 아직 '나'를 갖고 있지 않다. 자신과 주변 세계를 구별하지 못한다. 또한 자신에게 이것저것 해 주는 엄마가 세계의 내부분으로 생각하기 때문에 세계는 엄마와 일체가 되어 있다.

아기는 종종 멋대로 움직이는 자신의 손과 발을 신기하게 쳐다볼 때가 있다. 손과 발이 아직 자신의 것이라는 의식이 없어서 제어가 잘 되지 않는 것이다. 나와 육체가 따로 노는 상태다.

그러나 생후 6~18개월쯤 되면 거울에 비친 모습을 보고 그것이 나라는 사실을 깨닫는다.

이때 비로소 **시각적으로 통일된 나의 이미지를 발견하는 것**이다. 이처럼 거울에 비친 자신의 모습을 보고 나라는 사실을 깨닫는 것은 인간 고유의 현상이라고 라캉은 말했다.

그때부터 **엄마나 주변 사람들이 나를 어떻게 대하는가**를 느끼면서 나란 어떤 존재인지 어렴풋이 파악하기 시작한다. 나에게 이런저런 태도를 취하는 타인의 존재는 3~5세 오이디푸스기에 자각한다고 한다.

이처럼 인간은 **경상, 그리고 타인을 통해 나를 만들어 간다.**

바꿔 말하면 나란 나 하나만 가지고는 결코 만들 수 없다. 경상이나 사진 등 외부에서 본 이미지가 필요하고 '귀엽구나', '그럼 못 써' 등 타인에게 받은 말이나 행동을 통해 나는 점점 형성되어 간다.

그래서 라캉은 자기의식(나)이란 타인으로 만들어진다는 헤겔의 생각을 깊게 파고들었다. 나란 존재는 경상이나 타인에 따라 달라지기 때문에 무척 불안정하다.

라캉의 경상단계론

나는 어떻게 만들어지는가?

경상

거울에 비친 모습을 보고
그것이 나라고 깨닫는다

타인

타인이 어떻게 대하는지를 보고
나의 존재를 파악한다

거울이나 타인을 통해 내가 만들어진다

라캉의 나는 이성의 빛을 가진 근대의 나와는 아주 다른 힘없는 존재였다.

무의식의 구조

세계대전이 끝난 후, 경상단계론으로 주목을 받은 라캉은 프로이트의 정신분석학과 구조주의를 결합하기로 했다.

사실 프로이트는 무의식이 어떻게 이루어졌는지도 설명하지 않고 계속 쓰고 있었는데, 라캉은 이 무의식이 어떻게 이루어졌는지에 대해 생각했다. 그 대답은 의외였다.

무의식은 하나의 언어로 구조화되어 있다고 했다. 무슨 말일까?

앞서 살펴봤듯이 인간은 오이디푸스기(3~5세)에 타인과 관계를 이루면서 내가 만들어졌다고 했는데, 구체적으로 어떻게 만들어질까? 그것은 바로 언어다.

인간은 주변 타인들에게 언어를 배운다.

라캉에 따르면 이는 언어 그 자체(시니피앙-기표)가 마음에 스며드는 상태라고 한다. 다양한 시니피앙이 들어와서 시니피앙끼리 서로 다른 점을 정리하면서 체계화되어간다.

다시 말해 무의식은 시니피앙의 차이의 체계를 통해 구조화되어 가는 것이다.

이렇게 타인에게 언어를 배우면서 나는 무의식적으로 언어를 사용하고 생각을 자유롭게 전달할 수 있게 된다. 즉, 나란 무의식중에 체계화되는 언어를 바탕으로 만들어진다고 할 수 있다.

상상계·상징계·현실계

위의 사실을 바탕으로 라캉은 인간이 사는 세계를 **상상계, 상징계, 현실계**라는 세 가지로 정리했다.

먼저 상상계는 경상 단계와 일맥상통하는데 아직 어머니(타인)와 나를 확실히 구별하지 못하고 헷갈리는 세계다. 타인이란 원래 언어를 사용하여 의사소통을 취하는데 타인과 나는 미분화되어 있어 언어가 필요하지 않다. 그러나 자신의 마음대로 되리라 생각했던 어머니(타인)가 그렇지 않다는 사실을 깨닫게 되면 어머니에 대한 공격성이 생겨난다.

이 문제를 극복하기 위해 타인에게 언어를 배우면서 나를 만들기 시작한다.

인간이 사는 세 가지 세계

세계

타인과 자신이
구별되지 않고
겉도는 세계

상징계

타인에게 언어를
배우고 내가 형태를
만들어가는 세계

현실계

상징계의 복잡함을
견디지 못하고 빠지는
무질서한 세계

인간은 이 세 가지 세계 중
한 곳에 살고 있다

나를 만든 인간은 상상계에서 상징계로 들어간다. 상징계는 언어를 사용한 네트워크가 구축된 세계다. 다시 말해 평소 생활하고 있는 세계다.

나는 주변의 타인이 사용하는 언어 규칙을 무의식적으로 따르면서 살아간다. 언어 규칙뿐만이 아니다. 규율이나 질서, 사회적 규범 등도 따른다.

라캉은 이들 사회의 법칙을 **대문자의 타인**이라고 불렀다. 이는 개인의 무의식적인 욕망을 규제하고 감시한다는 뜻에서 프로이트가 말하는 **초자아(超自我)**와 닮았다.

그러면 나는 사회의 규칙을 따르기 때문에 어떤 의미에서는 사회가 바라던 모습이 되어 있다. 진정한 내가 아닌 사회에서 살아가기 위해 만들어진 나, 상징화된 내가 되어 있는 것이다.

그러나 질서가 세워져 있는 상징계 속에서 살아가는 것을 견디지 못하고 정신이 파멸되어 무질서한 세계로 떨어질 때가 있다. 이것이 현실계다.

현실계란 상상이 잘 되지 않는데 초현실이라고 하는 편이 더 이해하기 쉬울 것이다. 규칙이나 질서를 없앤 생생한 알몸의 현실에서 환각 등으로서 나타나는 세계라는 뜻이다.

인간적인 마르크스와
과학적인 마르크스가 있다

알튀세르

1918년~1990년. 프랑스 알자스 가문 출
신(출생은 알제리아). 제2차 세계대전 중
에는 포로로 잡혀 있었다. 전쟁이 끝난 후
에는 새로운 마르크스의 모습을 제시하
여 국제적으로 명성을 얻었다. 주요 저서로
는 《마르크스를 위하여》, 《자본론을 읽는
다》 등이 있다.

아내를 죽인 철학자

구조주의는 마르크스주의를 대신하여 사상에서 큰 흐름으로서 등장했다. 그 **구조주의 안에서 마르크스주의를 다시 한번 돌아보는** 작업이 이루어졌다. 그 작업을 한 사람이 프랑스의 철학자 알튀세르다.

전쟁이 끝난 후 프랑스 사상계를 활발하게 한 사르트르와 롤랑 바르트는 1980년에 사망했는데, 알튀세르도 어떤 의미에서는 같은 해에 죽었다고 말해도 좋을 것이다.

알튀세르는 철학을 마음에 품고 엄청난 엘리트 학교 고등 사범학교에 입학했지만 거의 같은 시기에 제2차 세계대전이 발발하여 프랑스군 병사로 동원되어 독일군의 포로가 되었다.

그리하여 독일군의 포로로 5년 동안 수용소 생활을 보낼 수밖에 없었다. 이 기간에 정신병 발작을 일으킨 후 그의 인생은 정신병과 힘겨운 싸움을 벌이게 되었다.

그는 조울증 진단을 받았는데, 그의 예민한 감각이 깃든 사상은 우울한 상태에서 빠져나와 극단적으로 흥분하여 기분이 한껏 올라가 있을 때 생겨났다고 한다.

원래 독실한 기독교 신자였던 알튀세르는 마르크스주의와

양다리를 걸쳤다. 그 당시 전쟁이 끝난 후 프랑스에서는 나치스에 대항한 레지스탕스 운동이 일어나면서 마르크스주의와 공산당의 영향력이 강해졌다. 그래서 기독교였던 많은 지식인들이 공산당에 입당했는데, 알튀세르도 아내인 엘렌의 영향을 받아 결국에는 마르크스주의에 심취했고, 그것이 후에 마르크스 연구로 이어졌다.

알튀세르는 사상가로서 위대했지만 동시에 교육자로서도 위대했다.

고등 사범학교의 철학 복습 교사로서 미셸 푸코, 자크 데리다, 질 들뢰즈라는 후기구조주의의 거장들을 지휘한 사람이 바로 알튀세르였다.

자신의 사상을 밀어붙이는 것이 아니라 어디까지나 학생의 사상을 존중하여 성장시켜 주는 지도법은 좋은 평판을 얻었고 많은 제자들이 알튀세르에게 감사를 표했다.

그러던 알튀세르의 정신병은 점점 악화되어 1980년 11월, 아내 엘렌의 목을 졸라 살해하는 최악의 결말을 맞이했다.

정신병 때문에 형사 재판은 면했지만, 1990년에 병사할 때까지 마지막 10년 동안은 공적으로 죽은 사람이 되어 있었다.

알튀세르의 주요 업적은 1965년에 출판된 《마르크스를 위하여》와 《자본론을 읽는다》 등이 있다.

인식론적 절단과 **중층적 결정**이라는 두 가지 키워드로 하나씩 풀어보자.

마르크스에게 일관성은 없다

먼저 인식론적 절단에 대해 이야기해 보자.

인식론적 절단이란 원래 프랑스의 과학 철학자 가스통 바슐라르(1884~1962)가 제시한 사고법이다.

만약 과학의 역사를 이해하고 싶다면 연대 순서로 과학적 발견을 따라가는데 그것은 논리에 맞게 한 가지 스토리로 이루어져 있는 것이 아니다.

갑자기 전혀 다른 타입의 과학적 발견이 나오기도 하므로 그 사이에 생긴 홈을 이해해야 한다.

이처럼 **사물에는 일관성이 없고 군데군데 절단이 있다**는 전제가 생긴다. 한 가지 스토리가 아니라 몇 가지 짧은 스토리가 이어진 것으로 인식한다. 이것이 인식론적 절단의 사고법이다.

알튀세르는 이 생각을 마르크스 사상을 해설하는데 사용

했다.

사실 마르크스주의라 해도 이미 비슷비슷한 것들이 세간에 퍼져 있어서 무엇이 진짜 마르크스인지 알 수 없었다.

폭력 혁명과 공산당 일극 집중인 러시아형 마르크스주의, 철학적으로 노동자의 혁명적 실천을 제창한 주체주의적 마르크스주의, 파시즘과 반유대주의의 반성을 세운 프랑크푸르트 학파의 마르크스주의, 사르트르에서 볼 수 있는 실존주의적 마르크스주의 등등….

게다가 시대는 미국과 소련의 냉전이 심해지면서 마르크스주의의 쇠퇴가 진행되던 상황이었다.

그러던 중에 알튀세르는 마르크스를 한 번 더 읽어보기로 했다. 그때까지 해 오던 마르크스 연구를 일단 옆에 치워 두고 순수하게 텍스트와 1대 1로 마주하는 것이다.

그랬더니 같은 사람인 마르크스의 사고에 일관성은 없고 절단되어 갑자기 바뀌는 부분이 있다는 사실을 깨달았다.

그 분기점은 1844년의 《경제학·철학 초고》와 1845년의 《독일 이데올로기》 사이에 있었다.

분기점을 경계로 전기 마르크스는 헤겔의 영향을 강하게 받았다.

자본주의 안에서 소외된 인간의 정신 해방을 추구하였고

마르크스의 사고는 어느 시기부터 갑자기 변했다

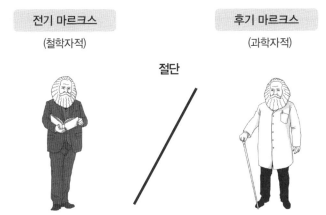

전기 마르크스	후기 마르크스
(철학자적)	(과학자적)

절단

알튀세르는 마르크스를 2가지로 나눠서 생각했다

인간을 중심으로 본 이데올로기가 되어 있었다. 이데올로기란 원래 마르크스가 쓰기 시작한 말인데, 어떠한 사람의 정치적 사회적 입장을 완성하는 사고방식을 말한다.

이와 반대로 후기 마르크스는 근본적인 사상에 더 다가가 있었다. 각 인간의 의도나 행위라기보다는 사회를 경제적인 구조로서 인식하는 과학이었다.

이처럼 **마르크스라는 인물은 철학자에서 과학자로, 사상적으로는 이데올로기에서 과학으로 옮겨 갔다.**

알튀세르는 이렇게 두 가지 마르크스를 명확하게 나눠서 정리했다.

몇 가지 원인이 복잡하게 얽혀 있다

다음으로 중층적 결정이다.

이것은 원인과 결과를 1대1로 인식하는 것이 아니라 몇 가지 원인이 얽히고설켜 결과에 이른다고 인식하는 것이다.

최초로 이 사고법을 사용한 프로이트에 따르면, 꿈이란 즐거운 체험을 했다고 해서 즐거운 꿈을 꾼다거나 무서운 체험을 했다고 해서 무서운 꿈을 꾸는 단순한 것이 아니라 다양한 체험이 압축되거나 이동하는 복잡한 작업을 거쳐 나타난다고 했다. 원인과 결과는 1대1로 대응한다고 볼 수 없다.

알튀세르는 이 중층적 결정을 받아들였다.

일반적인 마르크스주의는 원인과 결과를 1대1로 인식한다. 하부 구조에 따라 상부 구조가 결정되거나 혹은 계급의식에 따라 사회 구조가 변혁되는 결과를 초래한다고 했다.

그러나 이렇게 단순하게 사회나 역사를 설명할 수는 없다.

실제로는 **정치, 경제, 이데올로기, 법률, 종교 등 온갖 것들이 복잡하게 얽혀서 움직인다.**

알튀세르는 사회나 역사를 복잡한 요소가 얽히고설켜 있는 것이라고 설명했다. 이는 근대철학처럼 주체를 중심으로 사물을 받아들이는 관점과 달리, 이른바 레비스트로스나 롤랑 바르트에서 볼 수 있는 주체의 죽음과도 겹쳐진다.

사르트르의 실존주의에서는 주체란 자립적이고 적극적으로 사회와 관계를 맺어야 한다고 했는데, 알튀세르는 이를 부정했다.

그에 따르면 각 주체는 그렇게 자립적이지도 않고, 하물며 국가에 억지로 지배되는 것도 아니라고 했다. 더 엄밀히 따지면 자발적으로 나서서 국가에 복종하는 국민이라고 했다.

여기에 알튀세르의 **주체 없는 구조주의**가 있다.

중층적 결정이라는 사고법을 받아들인 알튀세르

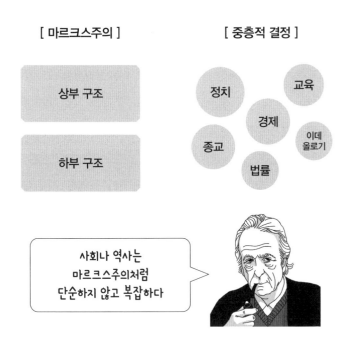

[마르크스주의]

상부 구조

하부 구조

[중층적 결정]

정치

교육

경제

종교

이데올로기

법률

사회나 역사는
마르크스주의처럼
단순하지 않고 복잡하다

그러나 이는 개인이라는 주체가 역사 속에서 이루는 역할을 부정하고 인간의 자립성을 거부하는 사상이라고 해서 논쟁을 불러일으켰다.

자신이 자신을
감시하다

푸코

1926년~1984년. 프랑스 푸아티에 출신. 구
조주의자, 혹은 후기 구조주의자로 분류되
지만 본인은 역사가라고 지칭했다. 젊은 시
절에는 자살 미수를 몇 번 일으켰다. 동성
애자로 에이즈에 걸려 57세에 세상을 떠났
다. 주요 저서로는 《말과 사물》, 《감옥의
탄생》 등이 있다.

역사가 푸코

구조주의에서는 사회에 보편적인 구조가 있다는 전제 하에 진리란 무엇인지 가정했다. 이런 점에서는 진리가 있다고 했던 근대 철학의 틀 안에 있었다고 할 수 있다.

그러나 구조주의자들에 이은 세대인 **후기 구조주의자들은 진리의 존재를 인정하지 않았다.** 이 점이 크게 다르다.

여기서 소개할 미셸 푸코는 1966년에 쓴 저서《말과 사물》이 프랑스빵만큼 팔렸다고 할 정도로 큰 화제에 올라 구조주의의 선두주자로 여겨졌는데, 1975년의《감옥의 탄생》이나 1976년의《지식의 의지》를 내면서 후기 구조주의자로 구분 지어지게 되었다.

한편으로 푸코 자신은 자신을 일관되게 **역사가**라고 소개했다. 역사가 푸코는 어떤 사상을 전개했을까?

인간이 사물을 보는 방식이나 행동은 시대에 따라 변화해 왔다.

예를 들어 수렵 생활 시대와 비교하면 현대에는 자연을 두려운 마음이 희미해졌다고 할 수 있다. 인간이 사물을 보는 방식이나 행동은 보편적이라기보다는 시대마다 갖고 있는 특유한 것에 묶여 있다.

이렇게 생각했던 푸코는 시대마다 갖고 있는 특유한 것을 **지식의 범위(에피스테메)**라고 부르며 각 시대가 갖고 있던 지식의 범위를 끄집어내려 했다.

먼저 중세 이후의 서양 사회를 르네상스 시대, 고전주의 시대(17~18C), 근대(19C~)로 구분했다. 그리고 자료를 모아 시대마다 고고학적으로 조사했다. 그야말로 역사가의 모습이었다.

다른 역사가와 다른 점은 역사를 연속하는 흐름으로 보지 않았다는 점이다. 시대와 시대 사이에는 단층이 존재한다고 보고 어디까지나 한 시대 안에서만 파고드는 것이다. 그렇게 했더니 시대마다 다른 지식의 체계가 보였다. 예를 들어 어떤 사실을 발견했을까?

여기에 A, B, C라는 사물이 있다.

르네상스 시대에는 겉보기가 비슷한 것을 A, B, C로 나열했다. 현대에 와서 보면 잡다한 것들의 모임일 뿐이다.

그러나 고전주의 시대에는 A와 B는 같은 것이지만 C는 기타로 간주했다. 같은 것과 기타를 구분하게 되었다.

근대에는 인간을 중심으로 살펴봤다. A는 인간에게 필요하지만 B와 C는 인간에게 필요 없다고 했다. 이런 식으로 의미를 부여했다.

이렇게 권력론이 근대에는 인간을 중심으로 사물에 질서

각 시대마다 다른 지식의 범위를 끄집어내고자 했던 푸코

마르크스의 사고는 어느 시기부터 갑자기 변했다

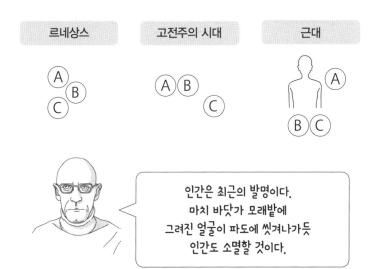

르네상스

고전주의 시대

근대

> 인간은 최근의 발명이다.
> 마치 바닷가 모래밭에
> 그려진 얼굴이 파도에 씻겨나가듯
> 인간도 소멸할 것이다.

를 매기는 인문과학(인간과학)이 생겼다. 구체적으로는 생물학, 경제학, 언어학이다.

이처럼 어떠한 사물에 대해 생각할 때 인간이라는 기준이 나타난 것이 근대다. 푸코의 말을 빌리자면 **인간이란 최근의 발명**인 셈이다.

그러나 이 근대에 생겨난 인간은 끝을 맞이하려 한다고 했다. 왜냐하면 근대 인간의 주체나 의식이라는 것도 무의식이나 사회 구조에 규정되어 생각하게 되었기 때문이다.

이 사실을 표현한 《말과 사물》의 마지막 한 문장은 유명하다.

'마치 바닷가 모래밭에 그려진 얼굴이 파도에 씻겨나가듯 인간도 소멸할 것이다.'

자기 감시 시스템이 있다

근대의 인간을 중심으로 한 사고법은 모두 주체(자신) 안에서 생각하고 인식하는 것이었다. 자신의 의식 속에서 무서운 사람이라고 비치면 그것은 무서운 사람인 것이다.

이와 반대로 푸코는 주체(자신)의 외부에서 주는 영향을 생각하려고 했다. 그것이 《감옥의 탄생》이나 《지식의 의지》에서 그린 **권력론**이다.

권력이라고 하면 국가의 권력이나 독재자의 권력 등 강대한 조직이나 인물이 가지는 강제적인 힘으로, 위에서 아래로 폭력적으로 작용하는 힘이라고 생각하기 쉽다. 그러나 푸코는 권력이란 위든 아래든 상관없이 무수히 오가는 힘겨루기라고 했다.

이 말은 무슨 뜻일까?

푸코는 권력으로 죄수들을 감시하는 감옥 시스템에 주목했다. 특히 흥미를 끌었던 것은 **팬옵티콘**이다.

팬옵티콘이란 영국의 사상가 제러미 벤담(1748~1832)이 고안한 감옥의 건축 양식이다.

중심에 탑이 놓여 있고 그 주위에 독방으로 분할된 건물이 둥글게 고리 모양으로 세워져 있다. 각 독방은 감시탑에서 감시할 수 있지만 독방의 죄수들은 감시탑 안의 감시자를 볼 수 없다. 그 때문에 죄수는 항상 감시받고 있다는 의식을 갖게 된다. 실제로는 감시자가 없을지도 모르는데 끊임없이 무언가에 겁을 먹고 불안감을 떨치지 못하게 된다.

결국에는 감시자가 없어도 항상 규칙 바른 행동을 하게 되었다. 왜냐하면 **자신 안에 감시자 역할이 생겨서 또 다른 자신**

팬옵티콘 감옥 시스템

중심에 감시탑이 놓여 있고, 감시탑에서는 독방이 보이지만
독방에서는 감시탑 안이 보이지 않도록 설계되어 있다

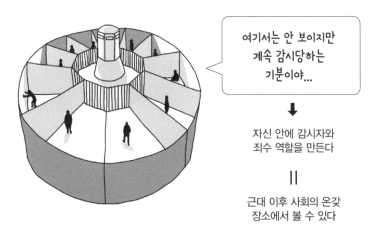

여기서는 안 보이지만
계속 감시당하는
기분이야...

⬇

자신 안에 감시자와
죄수 역할을 만든다

‖

근대 이후 사회의 온갖
장소에서 볼 수 있다

이 눈을 번뜩이고 보게 되기 때문이다.

즉, 한 인간이 감시자(권력을 행사하는 사람)와 죄수(권력에 복종하는 사람)라는 두 가지 역할을 스스로 나누는 상태에 놓인다.

사실 이러한 상황은 팬옵티콘의 죄수들뿐만이 아니라 근대 이후 사회의 온갖 상황에서 나타난다. 회사, 학교, 공장, 가정, 군대, 병원 등에서 일하거나 생활하는 사람들은 **무의식 중에 자기 감시 시스템을 스스로 갖고 있는 것**이다.

감시하는 사람이 없거나 누군가에게 강요받지 않아도 자신 안에 '이건 해야 돼', '이건 하면 안 돼'라는 권력이 작용한다. 우리 내면에까지 권력의 기능이 침투했다는 뜻이다.

결과적으로 사회나 조직의 규율을 지키고 누군가에게 지시를 받지 않아도 정시에 출근하고 도둑질을 하지 않고 줄을 서서 기다리는 행동으로 나타난다.

따라서 **주체(자신)란 자유로운 듯 자유롭지 않다.** 이미 자신 안에 권력을 행사하는 자아가 들어가 있어서 또 다른 자아를 지배하고 제어하는 것이다.

푸코는 모르는 새에 제어되고 있는 인간의 모습을 밝혀냈다.

그렇다면 이 권력에 저항하여 바뀔 수 있을까?

아쉽게도 이러한 권력에는 구체적인 모습이 없다. 개인의 자유가 권력에 억압되어 있다고 느껴도 타도해야 할 권력자가 없다. 따라서 이 사회를 바꾸려고 해도 바꾸는 방법조차 모르게 된다.

아름답게 살다

만년의 푸코는 권력론을 바탕으로 윤리학에 뜻을 두었다.

그것은 **생존의 미학**이라 불리는 것으로 한 번뿐인 자신의 인생을 아름답게 살고자 하는 마음이었다. 그러나 그때 사회나 역사, 제도, 문화 등 제도적인 것에 어쩔 수 없이 제한된다. 외부에서 오는 권력, 또한 내면에 생긴 권력의 영향을 받는다. 그러한 권력의 그물코 안에서 자신의 생활 스타일을 짜는 것이다. 이것이 생존의 미학이다.

푸코는 동성애자로 사회적인 편견이나 오해를 받으며 살았다. 젊은 시절에는 몇 번이나 자살미수를 일으켰다. 사실 푸코의 철학은 이렇게 자신의 인생을 고뇌하는 과정에서 생겨났다고 할 수 있다.

자신의 인생을 아름답게 산 푸코는 1984년, 오랫동안 시달리던 에이즈로 세상을 떠났다.

생각한 것과 말한 것은
어긋나 있다

데리다

1930년~2004년. 당시 프랑스의 영토였던
알제리에서 태어난 유대계 프랑스인. 프로
축구 선수의 꿈을 버리고 철학자가 되었다.
파리의 사회과학 고등 연구원인 철학 제도
연구의 디렉터다. 주요 저서로는 《글쓰기
와 차이》, 《목소리와 현상》 등이 있다.

탈구축이란?

후기 구조주의자 중 두 번째는 프랑스의 철학자 데리다다.

데리다 하면 **탈구축(脫構築, 디컨스트럭션−Deconstruction)**이 유명하다. 해체주의(解體主義)라고도 한다.

이는 간단히 말하자면 **오리지널과 카피의 관계를 알아내는 것**이다. 구축된 카피에서 벗어나(脫) 오리지널과 비교하는 것이다.

여기서 원래는 오리지널과 카피가 같은 것이라고 생각할 수 있지만 사실 거기에는 차이가 있지 않을까? 나아가 오리지널도 완전한 오리지널이 아니라 무언가를 카피한 것이 아닌가?

이러한 질문에서 시작된 탈구축으로 데리다는 근대 철학에서 당연하게 생각하던 것들에 의심을 품었다.

예를 들어 여기에 꽃이 피어 있다. 마음속으로 '예쁜 꽃이 피었네'라고 생각한다. 이것이 오리지널 의미다.

이를 '예쁜 꽃이 피어 있네'라고 소리를 내어 타인에게 말한다. 이렇게 말하는 행위는 오리지널 의미를 카피한 것이다.

그때까지 철학에서는 오리지널 의미와 카피인 말하는 행위가 일치한다는 전제를 두었다.

그러나 데리다의 탈구축에서는 **오리지널 의미와 카피인 말하**

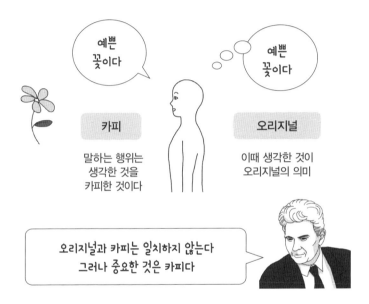

는 행위는 일치하지 않고, 아주 작은 **차이**가 있다고 간주했다.

또한 마음속에 있는 의미를 전달하는 방법에는 말하는 행위 외에도 쓰는 행위가 있다. '예쁜 꽃이 피어 있다'라고 소리를 내어 한 말이 오리지널이라고 하면 그것을 그대로 글자로 쓴 것이 카피다.

오리지널인 말하는 행위와 카피한 것을 쓰는 행위는 일치해야 맞는데, 데리다는 여기에도 차이가 있다고 했다.

정리하자면 다음과 같다.

서양 근대 철학: 의미=말하는 행위=쓰는 행위
데리다의 탈구축: 의미≠말하는 행위≠쓰는 행위

차연이란?

그렇다면 오리지널과 카피 사이에는 어떤 차이가 있을까?

데리다는 이 차이를 **차연(差延, différance)**이라는 말로 설명했다. 차연이란 차이(différence)와 늦추다(différrer)를 합쳐서 데리다가 만든 말인데, 여기에는 두 가지 뜻의 차이가 나타나 있다.

첫 번째는 시간적 차이다.

마음속에 의미가 떠올라도 그것을 소리로 내서 말하기까지는 약간의 시간적 차이가 발생한다.

말한 것을 쓸 때도 당연히 시간적 차이가 있다. 따라서 원래 의미는 말하려고 하든 쓰려고 하든 시간적 차이를 피할 수 없다. 시간적 차이가 있다는 것은 오리지널 의미가 있는 그대로 전달되지 않는다는 뜻이다.

다른 하나는 말 그 자체의 차이다.

이는 소쉬르에서도 봤듯이, 말의 의미란 다른 말과 차이가 있을 때 비로소 나타나는 것이다. 나비라는 말에 대해 나방이라는 다른 말이 있기 때문에 나비라는 말이 더 명확해지는 것이다. 나방이라는 말이 없었다면 나비 안에 나방도 포함되어 의미가 달라진다.

그러면 마음속에 있는 본래 의미는 말하거나 써서 언어로 바꾸려고 하는 순간, 말의 차이의 체계에 노출되게 된다.

대화를 하거나 메일을 보낼 때도 생각을 직접적으로 말로 표현하지 못하겠다고 느낄 때가 있는데 이러한 감각과 비슷할 것이다.

마음속에 있는 본래 의미에 딱 맞는 말이 있는 것이 아니라 말의 세계에서 가장 어울린다고 생각되는 말을 타협해서

고르는 것이다. 따라서 오리지널 의미와는 차이가 생긴다.

위의 사실로 미루어보아 오리지널의 의미란 직접적으로 정확하게 전달되지 않고 차이가 생긴다고 생각할 수 있다. 데리다는 이러한 현상을 **언어유희**라고 불렀다.

카피가 더 중요

오리지널 의미와 그것을 카피하여 말하고, 나아가 그 카피를 쓰는 것 사이에는 각각 차이가 있다. 오리지널과 카피는 일치하지 않는다는 사실을 알았다.

그리고 데리다는 여기부터 더 깊숙이 발을 들였다. 보통 오리지널과 카피에서는 암묵적으로 오리지널이 더 중요시된다.

그러나 데리다는 이 질서를 뒤집어서 **카피가 더 중요하다**고 주장했다.

무슨 뜻일까?

반복하지만 서양 철학에서는 마음속에 가진 본래 의미와 말하는 것은 일치한다고 생각해 왔다. 그리고 쓰는 것은 말하는 것을 정확히 베낀 것으로서 가치가 있었다.

다시 말해 의미와 말하는 것과 쓰는 것이 모두 같다는 관계에 있었는데, 이때 암묵적으로 오리지널 의미가 중요하다고 생각해 왔다.

그러나 데리다의 탈구축 사고법에서는 마음속에 가진 원래 의미도 말을 할 때, 또 나아가 글을 쓸 때 말이라는 기호로 변환되기 때문에 이미 **오리지널 의미가 없어도 성립한다**고 지적했다.

오리지널 의미가 없어도 성립하기 때문에 주체의 죽음이 생긴다고 할 수 있다. 따라서 데리다는 오리지널 의미보다도 말로 변환된 카피로서 글로 쓰인 것을 중시했다. 글로 쓰인 것 안에 들어 있는 언어유희에 파고들어 새로운 의미를 찾아냈다.

오리지널은 없다

나아가 데리다는 **오리지널도 사실 무언가를 카피한 것**이라고 지적했다.

인간은 말을 듣거나 사용하는데 말에서 생기는 의미란 앞서 서술했듯이 말과 말의 차이에서 생긴 것이다.

이렇게 인간은 언어활동을 하면서 마음속에 말 차이의 체계를 구축하고 있다. 간단히 말하자면 인간의 마음속이란 말로 이루어져 있다고 할 수 있다.

이 사실에서 생각해 보면, 마음속에 있는 원래 의미라는 것도 말로 이루어져 있으므로 그것은 결코 오리지널이 아니고, 그때까지 듣거나 사용한 적이 있는 말을 카피한 것이라고 할 수 있다. 그러면 이 세상 어디에도 오리지널은 없다는 뜻이 된다.

이러한 생각법은 어느 정도 이해가 가는 설명이 아닌가? 예술 표현도 기획서 아이디어도 완전한 오리지널이 아니라 반드시 다른 것을 힌트로 삼는다.

그렇다면 자신은 어떨까? 말로 이루어진 자신의 마음은 오리지널이라고 할 수 있을까? 나만의 개성이란 존재할까?

데리다는 유대계 프랑스인이다. 게다가 당시 프랑스 영토였던 알제리에서 태어났다. '나는 누구인가?'라며 자문할 수밖에 없는 복잡한 혈통은 데리다가 **개성이나 정체성에 대한 의심**을 품게 만들었다고 한다.

또한 오리지널 의미조차도 결국은 무언가의 카피가 되어 있지 않을까? 다시 말해 진정한 의미(=진리)란 존재하지 않는 것이 아닐까? 이러한 데리다의 탈구축은 서양 철학 그 자체를 비판하는 결과에 이르게 되었다.

데리다는 서양 철학이 나아가는 방향이 알기 쉬운 말을 써서 사상적으로 사람들을 유도하는 전체주의이자 나치스의 홀로코스트였다고 생각했다.

그것은 물론 유대계인 자신에게도 관계가 있는 역사적 비극이었다. 그래서 데리다는 진리나 이상을 두는 서양 철학 자체를 비판하게 되었다고 추측할 수 있다.

진리가 없다고 한 이상, 데리다의 사상은 어떠한 진리처럼 보이는 것을 가르쳐 주는 사상이 아니다. 스스로 언어유희 속에 들어가 생각하고 또 생각하는, 지극히 성가신 작업을 끝없이 하는 수밖에 없는 것이다.

노마드 사고로
욕망의 가능성을 풀어라!

들뢰즈

1925년~1995년. 프랑스 파리 출신. 후기
구조주의를 대표하는 철학자로 파리 제8
대학의 교수를 역임했다. 자택 아파르트
만 창문에서 투신자살했다. 주요 저서로
는 《차이와 반복》, 가타리와 공동으로 쓴
《안티 오이디푸스》, 《천 개의 고원》 등이
있다.

21세기의 사상

후기 구조주의의 또 다른 대표 주자가 질 들뢰즈다.

그는 생애의 대부분을 파리라는 도시에서 벗어나지 않고 보냈는데, 마지막에는 파리 17구의 자택에서 요양 생활을 면치 못했고, 1995년 11월에 산소 호흡기를 떼어 내고 아파트만 창문에서 뛰어내려 스스로 목숨을 끊었다.

들뢰즈는 21세기를 코앞에 두고 세상을 떠났다. 그 사상은 **21세기를 예견했다**는 면이 있다는 평가를 받는다.

인터넷이 발달하고 컴퓨터나 스마트폰을 손에 들고 도시 공간을 자유롭게 날아다니며 전 세계의 다양한 사람들과 이야기하고, 거기서 새로운 가능성이 생긴다.

들뢰즈는 그런 21세기의 라이프스타일을 그렸다.

탈코드화

늘뢰즈 가타리라는 이름을 들어 본 직이 있을 텐데, 이는 질 들뢰즈와 정신분석가인 펠릭스 가타리를 묶어서 말한 것이다. 두 사람은 들뢰즈 가타리로 다섯 권 정도의 책을 공동

집필했다.

대표작인 《자본주의와 분열증》(제1부 《안티 오이디푸스》, 제2부 《천 개의 고원》)에서는 인간의 욕망을 키워드로 현대사회를 다시금 바라보고 인간은 몸도 마음도 욕망의 충족을 추구하는 기계에 지나지 않는 **욕망 기계**라고 불렀다.

인간의 욕망은 본디 무방향으로 어지러이 흩어져 있다.

그러나 한편으로는 일정한 방향으로 규제할 때가 있다. **욕 망이 정처 없이 이리저리 흩어지면 사회는 성립하지 않으므로 규제 (=코드화)**를 거는 것이다.

그렇다면 인간의 욕망은 지금까지의 역사에서 어떤 식으로 코드화되어 왔을까?

크게 세 개의 시대로 나눠서 분석해 보자.

먼저 ① 고대 국가는 토지나 물품의 소유라는 사고법이 생기기 시작한 시대로, 누가 부를 소유할지 결정하게 되었다. 다시 말해 욕망을 코드화하게 된 사회라는 뜻에서 '코드 사회'라고 부른다.

다음으로 ② 전제주의 국가는 모든 부가 일단 제국 소유 가 되고 그것을 국민들에게 나누는 사회다. 욕망의 코드화 는 극히 일부 사람들에게만 이루어졌다고 해서 이는 '초 코

자본주의 사회는 탈코드 사회다

인류의 역사 속에서 욕망은 어떤 식으로
코드화(규제)되어 왔는가?

고대 국가	→	전제주의 국가	→	자본주의 사회
코드 사회		**초 코드 사회**		**탈코드 사회**

토지나 물품의
소유에 따라
욕망이 코드화되었다

극히 일부의
인간에게만 욕망을
코드화했다

사회의 코드화에 대해
거기서 욕망이
빠져나오려고 한다

욕망의 탈코드화를 내버려 두면
사회는 무질서해지지만
욕망은 사회적 공리계로 조정된다

드 사회'라고 부른다.

이와 반대로 ③ 자본주의사회에서는 여기저기 어지러이 난무하는 욕망의 본래 성질이 강해진 사회다.

사회를 코드화하게 되면 거기서 빠져나가려는 욕망도 점점 힘이 강해진다. 따라서 자본주의사회는 '탈코드 사회'라고 부른다.

욕망의 탈코드화를 방치하면 사회에는 질서가 없어지고 자멸에 이른다.

그러나 자본주의사회에는 욕망을 조정하는 것으로서 **사회적 공리계**라는 것을 자연스레 갖추게 된다고 한다.

스키조와 파라노이아

사회적 공리계란 무엇일까? 이를 설명하기 위해 들뢰즈와 가타리는 정신분석을 이용했다.

자본주의사회에서 욕망의 탈코드화란 스키조프레니아(정신분열증)에 대응한다.

반대로 일정한 방향으로 질서가 잡힌 사회적 공리계의 작용은 파라노이아(편집증)에 대응한다고 한다.

그리고 원래 인간이 가지는 스키조에 파라노이아를 준 계기는 가정의 오이디푸스 관계(부모 자식)에 있다고 한다.

프로이트가 제창한 오이디푸스 콤플렉스는 부모 자식 관계에서 자식이 어머니와의 성교를 바라는 마음(=욕망)은 아버지가 허세를 부린다는 환상으로 단념시킨다는 것이다.

어쩔 수 없이 자식은 성적 관계를 상상 속에서 경험하게 되는데 이는 바꿔 말하면 욕망을 상상의 세계에 억압한다는 뜻이다. 이것이야말로 사회적 공리계의 기능으로 오이디푸스화라고 부른다.

즉, 현대인의 내면에는 **가정의 오이디푸스 관계 속에서 욕망을 억압한다**는 작용이 몸에 배어 있으며 이 작용이 사회적 공리계라는 것이다.

이 말인즉슨, 욕망의 탈코드화와 사회적 공리계의 대립은 모두 개인의 내면 속에 심어져 있다는 것이다. 사회 공리계란 제도로서 존재하는 것은 아니다.

이를 더 간단히 말하면, 자본주의사회에서는 개개인이 자유롭게 욕망을 좇을 수는 있지만, 한편으로는 사회생활을 보내기 위해 스스로 자연스레 브레이크를 밟아 조정하면서 살아가고 있다는 것이다.

코드 구분으로 보면 ① 고대 국가나 ② 전제주의국가에서는 인위적으로 만들어진 사회 제도가 코드의 역할을 해냈다. 우리가 사는 ③ 자본주의사회에서는 가정의 오이디푸스 관계로 코드화되어 있다는 뜻이다.

노마드적 사고

그렇다면 스키조와 파라노이아의 대립을 안고 있는 현대인은 어떻게 살아야 하는가?

이에 대해 들뢰즈는 **노마드**로 행동하기를 추천했다.

노마드란 사막이나 초원 등의 공간에 사는 유목민을 말한다. 흔히 이 노마드를 이동이라는 관점으로 보고 여행과 같은 뜻으로 받아들이는 사람이 있는데, 이는 오해다.

들뢰즈가 노마드에서 주목한 점은 그들이 사는 공간이 울타리나 담장으로 둘러싸이지 않고 누구의 소유물도 아니라는 점이다. 일반적으로 정착해 있는 주민들은 구획된 땅에 살고 닫힌 공간에서 제한적인 교류를 하는데, 이에 대해 노마드는 경계도 울타리도 없는 공간을 떠돌며 열린 교류를 한다.

즉, 노마드의 삶은 욕망의 탈코드화인 스키조를 추구하

들뢰즈가 제창한 리좀형의 삶

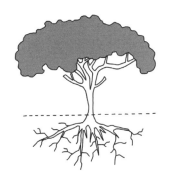

트리

수목의 줄기처럼
중심이 탄탄한 시스템

리좀

수목의 뿌리처럼
자유자재로 뻗어가는
시스템

인터넷 세계는 리좀 그 자체다

여 경계를 뛰어넘어 다니고 새로운 욕망을 만들어 낸다는 것이다.

본래 욕망에는 다양한 가능성이 있기 때문에 그것을 점점 활용해야 한다.

그때 사회적 공리계에 묶이기 전에 그곳을 떠나는 것이 중요하다. 스키조를 추구한다면 파라노이아가 되지 않도록 하는 것, 이것이 노마드적 사고법이다.

21세기 모델은 리좀

노마드와 같은 사고법은 《천 개의 고원》에서 서문에 소개한 **리좀**이라는 생각법과도 이어진다. 리좀이란 땅의 표면 아래에 뻗어가는 뿌리를 말한다. 지표의 **수목(트리)**은 처음과 끝이 분명하다.

이와 반대로 리좀에는 중심이 없고 나아가는 방향도 힘의 크기도 무질서하다. 리좀은 다양한 방향으로 퍼지고 다른 것들과 다양한 형태로 연결된다.

들뢰즈와 과타리는 서열(중심화) 시스템인 트리를 거부하고 **비중심화 시스템인 리좀을 미래의 모델**로 삼았다.

다양한 장르가 융합하여 새로운 요소를 만들어 낸다. 이러한 노마드적 사고로 리좀이 성장해 간다. 연결을 무제한으로, 무한정으로 반복하면서 트리를 부수는 것이다.

장르나 공간에 얽매이지 않는, 오늘날 인터넷에서 펼쳐지는 다양한 연계 방법이 그야말로 리좀의 이미지와 딱 들어맞는다.

맺음말

철학은 현실 사회와 관계없이 존재한다는 생각을 하기 쉬운데, 스스로 수정을 거듭하며 사회와 관계를 구축해 왔다.

철학은 현실의 생활에는 아무런 도움도 되지 않는다고 생각되기 쉬운데, 실용적인 철학도 생겨났다.

철학에는 서양이 가장 우수하다고 생각하는 서양 중심주의가 있는데, 스스로 잘못되었다는 사실을 깨닫고 수정해 왔다.

이처럼 **스스로 비판에 비판을 거듭해 잘 가꾸어진 사상 체계**, 이것이 서양 철학이 아닐까 생각한다. 교양 등으로 고정화된 종교와 달리 철학은 점점 새로 쓰이고 파생되어 가는 재미가 있다.

그런 서양 철학 지식을 교양으로서 갖고 있는 것은 무척 중요하다. 특히 본고장인 유럽에서는 조금이라도 지식인이라고 할 만한 사람들 사이에서 철학은 흔한 화제다.

단순히 교양에 머무는 것이 아니라 서양 철학의 사고 방법을 사용하여 세상을 날카롭게 꿰뚫거나 실생활에서 활용하는 것도 좋을 것이다.

예를 들어 초식계라는 말이 있다. 예전에는 담백한 삶을 사는 남자에 특별한 관심도 두지 않았는데, 초식계라는 말이 생기자마자 그들의 존재가 의미를 갖기 시작했다. 소쉬르 언어학에 비추어 보면 초식계라 불리는 남자는 예전부터 존재했던 것이 아니라 말을 부여함으로써 비로소 생겨났다고 할 수 있다.

또한 업무를 하거나 공부를 할 때, 어떤 제한된 그룹 안에 있는 것이 아니라 다양한 그룹의 사람들과 교류를 함으로써 새로운 발상이 생길 때가 있다. 이는 그야말로 들뢰즈의 노마드적 사고이며 실생활에 아주 유용해 보인다.

이처럼 서양 철학은 애플리케이션처럼 가볍게 뇌에 인스톨하여 활용하는 것이 좋다. 이 책이 조금이나마 도움이 되기를 간절히 바란다.

마지막으로 이 책을 정리하면서 사이즈샤 출판사의 모토이 도시히로 씨에게 큰 도움을 받았다. 늘 이해해 주시고 도움을 주셔서 진심으로 감사드린다.

[주요 참고 문헌]

《그리스 철학 입문》_ 이와타 야스오

《서양 철학 이야기 철학자들의 드라마틱》_ 다마이 시게루

《철학으로 나를 만들다 철학자 19인의 방법》_ 다키모토 유키토

《서양 철학사 파르메니데스부터 레비나스까지》_ 도미니크 포르쉐

《이 철학자를 보라 명언으로 거슬러 올라가는 서양 철학사》_ 피에트로 에마누엘

《철학의 역사》_ 브라이언 매기

《철학의 책》_ 윌 버킹엄

《정말 이해가 잘 되는 철학》_ 야마타케 신지

《현대 철학 로드맵》_ 오카모토 유이치로

《미의 사색가들》_ 다카시나 슈지

《철학의 역사 제12권(20세기 3) 실존·구조·타인》_ 와시다 기요카즈

《서양철학사4 '철학의 현대'로 가는 에움길》_ 간자키 시게루, 구마노 스미히코, 스즈키 이즈미

《현대 사상의 모험자들 Select 메를로 퐁티 가역성》_ 와시다 기요카즈

《바타유 입문》_ 사카이 다케시

《팬티 입은 원숭이》_ 구리모토 신이치로

《플래그머티즘 사상》_ 우오즈 이쿠오

《현대 사상의 모험》_ 다케다 세이지

《유럽의 현대 철학으로 가는 초대》_ 이토 나오키, 사이토 모토키, 마스다 야스히코

《현대 사상 지도》_ 기다 겐

《현대 사상의 모험자들 Select 레비스트로스 구조》_ 와타나베 고조

《미셸 푸코 근대를 뒤부터 읽다》_ 오모다 소노에

《미셸 푸코 입문》_ 밸리 스마트

《권력과 저항》_ 사토 요시유키

《현대 사상의 모험자들 Select 들뢰즈 노마드로지》_ 시노하라 모토아키

《들뢰즈 키워드 89》_ 요시카와 야스히사, 호리 지아키)